人を「その一瞬」で見抜く方法

マネーの虎が明かす
「一見いい人」にダマされない技術

臼井由妃
Yuki Usui

さくら舎

はじめに——人は見た目ではわからない

「人は見た目で8割わかる」

「第一印象で、相手を見抜ける」

「初対面でも、一分でも会話をすれば相手の考えていることがわかる」

そんなふうに自信たっぷりに語る人がいますね。

私に言わせれば、それこそが**自分を奈落の底へ突き落しかねない思い込み**です。

想像してみてください。

病院で白衣《はくい》を着用し聴診器《ちょうしんき》を首にかけ、颯爽《さっそう》と歩く人物を見かけたら「医者」だと誰しも思うでしょう。

しかし非番の日に普段着で彼らが病院を訪れたら、お見舞いか診察を受けにきた人としか見えないはずです。

これは**制服マジック**。

病院という限定された場所で白衣姿を見れば、医療関係者としか見られないのが、人の常なのです。

なかには、休日ウエットスーツでマリンスポーツに興じているときでも「お医者さんオーラ」を感じる方もいらっしゃいますが、そういう方は稀《まれ》。

医者としての技術や知識、知恵、これまでの成功体験や失敗から得た学びをしっかり蓄積している人だけがもつ「謙虚な自信」が備《そな》わっていなければ、存在しない力です。

ですから、人は見た目ではわからないと考えたほうが賢明なのです。

これまであなたは、「人を見抜く力がある」と言いながら、間違った判断の下、仕事で窮地に陥《おちい》ったり、人間関係のトラブルに巻き込まれた経験がありませんか？

「私はダマされたことなんてない」と胸を張るあなた。

本当にそうでしょうか？

最初はとてもいい人だと思っていたのに、付き合ってみると嘘つきだった。

口が堅いと思って秘密を打ち明けたら、たちまち誰もが知るところになった。

そうした経験は、あるでしょう。

そのたびに「簡単に信用した私がバカだった」と思っても、また同様の経験をしてしまう。

「失敗から人は学ぶ」と言いますが、「人を見る目」はさんざん痛い目に遭ってもその原因を分析しない限り、備わるものではありません。

ですから「またダマされた……」を繰り返すのです。

それに「ダマされた」と思うのはあなたの主張であって、相手にはそうした思惑がない場合も多いのですから、「被害者意識」を抱き相手に抗議するのは的外れ。時間と労力の無駄づかいです。


「人を見抜く力」は、あなたが望むような人生を歩むために欠かせないスキルです。

さらにいえば「人を見抜く力」がない人は、ずる賢い人にたちまち見抜かれ、カモにされる危険性すらあります。

職場では上司や部下、同僚、得意先やお客様。プライベートでは、友人やパートナー、家族、ご近所さんなど私たちが日々関わる人間関係は、「人を見抜く力」によって支えられていると言っても、過言ではありません。

では、「人を見抜く力」はどうしたら備わるのか？

あなたが知りたいのは、そこに尽きますよね。

ちなみに、成功体験にあふれた幸運の持ち主には、「人を見抜く力」はありません。

そういう人はたまたまこれまではツイていたか、人を見抜く天賦《てんぷ》の才が味方をしているだけで、その「判断基準」は明確ではありませんから、人に教えることができません。

裏切りや中傷、反逆や抵抗……数多《あまた》の辛酸《しんさん》を舐《な》めながらも、自分にプラスのエネルギーを与えてくれる人に出会い支えられ、数多の学びを得ながら長年かけて「人を見抜く力」を養ってきた人にしか「人の見抜き方」は教えられない、と言っていいでしょう。

私は、人を見抜く力がない「カモにされる家」に生まれ育ちました。

妙な表現でしょうが、本当なのです。

お人よしを絵にかいたような父は、「困っていたから」と、さほど親しくもない友人の借金の連帯保証人になり、雲隠れした相手に代わって返済するはめになる。

幼い私でも「危ない」と感じた霊感商法にひっかかるなど、トラブルメーカーでした。

私に厳しかった母は、高齢の女性には信じられないくらい優しく「独り暮らしで寂しそうだから」と、自宅に招き入れ食事をさせたり、お風呂を貸したり……結果、小銭や時計がなくなるという事件が起きました。

両親とも、人を見る目がないということを認めることなく、「ダマすよりもダマされるほうがいい」などと苦笑いしながら、何度も痛い目に遭ったのです。

両親を反面教師として育った私は、「人を見る目がいかに大事か？」という視点をもつよりも、「猜疑《さいぎ》心《しん》の強い大人」になりました。

「猜疑心」は相手の行為を疑ったり妬んだりする心。

私は人と接する際には、まずは疑う、怪しむ、警戒心を抱く人間になっていたのです。

猜疑心は、「人を見抜く力」には、何ら役に立つものではありません。

それは根拠がない警戒心ですから、世間の評判や噂などで簡単にくつがえるものでした。

誰しも甘い言葉や素晴らしい肩書、目を見張るキャリアなどを前にすると、目が曇り、冷静に相手の本質を判断するのが難しくなります。

警戒心なんて、簡単に消えてしまうのです。


「人を見抜く力」がないために、ビジネスでも人間関係でも苦労続きというあなた。

「人を見抜く力」があれば、心豊かな人生を送れてきたはずなのにと、悔しがっているあなた。安心してください。もう同じ間違いをすることはありません。

人の本質を見抜くのは、そう簡単なことではありませんが、「利益をもたらす人」か「害を与える人」かを、見極める視点はあります。

60歳になった今、あなたの悩みを解消するのが、私の役割だと思っています。

33歳で経営者になったときから今まで、良くも悪くも「こんなはずではなかった」という経験を積み重ねながら「人を見抜く力」を蓄《たくわ》えてきた私のノウハウを本書で初公開します。

「人を見抜く力」をおさえていただければ、仕事やプライベートで人に振りまわされることなく、あなたらしい人生を歩んでいくことができます。

それを本書の中で明らかにしていきます。

目次◆人を「その一瞬」で見抜く方法
――マネーの虎が明かす「一見いい人」にダマされない技術

第2章　注意！　こんな人は近づけない！

第3章　あなたも見抜かれている！

第4章　本物はココが違う！

人を「その一瞬」で見抜く方法

――マネーの虎が明かす「一見いい人」にダマされない技術

第1章　マネーの虎流！　人を見るポイント

「いい人」であっても嘘をつくときがある

人は、誰しも嘘をつきます。

相手の立場を思いやっての愛のある嘘、落胆を最小限に食い止めるための優しい嘘もあれば、組織や立場を守るために、心の中で相手に詫びながら嘘をつく場合もあるでしょう。

嘘をついたことがない人間なんて、いないのです。

そういうと、「味方」や「何かと目をかけてくれる人」「頼りになる人」など、あなたにとって「いい人」、害を与えることなどありえない人の顔が浮かぶでしょう。

しかし、そんないい人であっても嘘をつくときがあるのです。

なかでも、その嘘を見抜くことが難しいのが、自分に自信がない人です。

そうしたタイプの人は、周りに自分を大きく見せようとして、嘘をつく傾向があるといえます。劣等感に苛《さいな》まれ真実を受け入れることができず、自然と嘘をついていることもあります。

自然な嘘は性質《たち》が悪い。

彼らも最初は嘘をついている意識がありますが、続けるうちに嘘と本当の境界線がなくなり、さらっと真実の仮面をかぶった嘘をつくようになります。

ささいな嘘で言えば、知らないのに知っているふりをする「知ったかぶり」や、著名な人と親しい、仲がいいというような「ほら吹き」。

大きな嘘になると、経歴や資格、年齢などの詐称。

嘘の度合いは大きく異なりますが、両者とも「自分に自信がない」という劣等感から生まれる嘘です。

荒唐無稽《こうとうむけい》な嘘ならば、誰も信用しませんが、ささいな嘘も大きな嘘も、親しい人から言われたら、疑いのまなざしを向けながらも「すごい」「素晴らしい」と認めたくなるでしょう。

「彼はいい人だから」「彼女は誠実だから」と、私たちは案外簡単に人をジャッジすることがあります。

どこを見ていい人だと思っているのか、どんなところが誠実の根拠なのか。

突き詰めると答えに困るのですが、身近な人を疑うのは自分が構築してきた人間関係を否定するようで、我慢できないのです。

そして問題が生じると「いい人だと信じていたのに」と、人を見抜く力がない自分に呆れるのです。

人は基本、嘘つきである。

私はそう捉えています。

「相手を傷つけたくないから」とつく嘘も、自分がいい人だと思われたい心から生じるものであり、「相手を喜ばせたい」とつく嘘も、自分に注目を集めたいという心から生じるもの。

誰もが自分が一番かわいい、自分はいい人だと思われたい。

ですからこの世から、嘘がなくなることはないのです。

あなたの弱点は何ですか？〜「マネーの虎の現場から」〜

商談や雑談をしていて唐突に「（ところで）あなたの弱点は何ですか？」と問われたら、どう答えるでしょうか。

会話の本題から外れた質問ですから、

「空気を読まない人だな、無視しよう」

「弱点を聞いてどうするのだろう」

質問の真意がわからず、無言の時が流れる。

あるいはウケを狙って「弱点がないのが弱点……なんちゃってね」と、返す人もいらっしゃるかもしれませんね。

「あなたの弱点は何ですか？」という質問に、正解はありません。

あなたに関心があるから、あなたをもっと知りたいから聞いているのであって、どんな答えが返ってきても、質問者は驚きません。

極端な話、「マザコン気味なところです」とか「騙されやすいところです」というような芳しくない答えでも、構わないのです。

必要なのは、相手の質問に真摯《しんし》に答える姿勢です。

無言を貫き、相手が質問を撤回するのを待つ。質問を無視して別の話にすり替えるなど、会話の主導権を握ろうとするような態度は、最悪の対応です。

それは、チャンスを棒にふるような事態を招きかねません。

かつて私は日本テレビ系列で放送されていた、「マネーの虎」という番組に出演していました。

新規の事業を企てる挑戦者が事業プランをプレゼンし、希望金額を公表。「虎」と称される投資家が気に入ったら融資や投資をするという番組で、希望金額に満たなければ、虎からの投資があっても終了。MCである吉田栄作さんの「今回はノーマネーでフィニッシュということで……」が決まり文句でした。私は、その「虎」として出演していたのです。

挑戦者と「虎」が対面するのは、カメラが回っている収録の間だけ。事前に知りえるのは「広い音域と独自のこぶしを武器にアメリカ進出をはかりたい演歌歌手（女性）」「希望金額は800万円」というようなざっくりとしたもので、これまでどんな経験をしてきたのか、スキルやキャリア、考え方や今の環境など知ることはできませんでした。

まさに、**その一瞬で人を見なければいけない、真剣勝負の場**です。

挑戦者はプレゼンが成功すれば、虎から大金や知恵、人脈などを得られる。

虎は、うま味のあるビジネスを発掘したり有能な人材を見つけ、それが成功すれば、リターンが得られるだけでなく、虎自身の「人を見る目」に注目が集まり、事業の宣伝にもつながる。うまく回れば、お互いに妙味があるというわけです。

収録の時間は1時間あまり。

そこで虎が納得できるようなビジネスプランが打ち出せれば、大金が得られるのですから、振り返れば「私が挑戦者になりたかった」と思うぐらいです。

私が番組でかかわった挑戦者のほとんどは、優秀な方でした。

金融機関に事業計画書を出せば、ゴーサインが出るような人ばかり。

ですから「番組に出るのは、知名度をあげるため」「宣伝かしら？」と考えたこともありました。

そんな中、出会ったのが「あっさりこってりしている独自の味を持つラーメン」の店舗展開を図る若者でした。

快活で人柄の良さが垣間見えるだけでなく、彼の事業プランに穴を見つけることはできません。

実家がラーメン屋だったこともあり、これはご縁があるのだ。

私は99％、彼に希望金額すべてを投資する算段をしていました。

しかし、何を質問してもそつなく答える彼に、一抹の不安を覚えてもいました。

「この人は大金獲得シナリオを描き、それを自然体で演じているのではないのか？」と。

そこで事業とは全く関係のないことを、唐突に質問したのです。

「あなたの弱点は何ですか？」と。

答えは何でもよかった。私は1％の不安要素をぬぐって欲しかっただけです。

ですから極端な話「どんぶり勘定なところがあります」と答えたら、「私がその性質を直しましょう」と言ったでしょうし、「なまけ癖があるかもしれません」と答えたら、「なまけるヒマがないくらい流行るラーメン屋にしましょうね」と助け舟を出したでしょう。

しかし「あなたの弱点は何ですか？」への答えは「長い沈黙」。それまで理路整然と対応していたのに、その一瞬に答えないのは不誠実ではありませんか。

きっと想定外の質問に、不意打ちを食らい「大金獲得シナリオ」の段取りが狂ったのでしょうね。

成否を決めるギリギリのところで出た「あなたの弱点は何ですか？」はその後、「人を見抜く力」の切り札にしています。

女性は、「見る」のではなく「観る」で！

女性は誰しも「生まれながらの女優」です。

多くの女性は意図的に嘘をついたり、自分を隠そうと計算はしませんが、「若々しく見られたい」「カッコいい女と思われたい」というような可愛らしい理由から、相手を喜ばせるための「お世辞」や、いい人に見せるための「お愛想」は口にします。

知っているのに知らないふりをする「ちょっと猫をかぶる態度」や、背伸びをするぐらいは無意識にできてしまうのです。

こうした言動は、女性の本能といってもいいでしょう。

ですから、女性に接する際は「見る」のではなく「観る」＝観察するという視点をもたないと痛い目に遭う可能性があります。

それはあなたが女性であっても、同じです。

自分には想像もできない演技力をもっている。そのことに本人も気づいていない。

それが女性の魅力であり不思議なところなのです。

このように、悪気がなくても惑わされる心配があるのですから、女性が本気で騙しにきたときには、その本性を見抜くのはかなりハードルが高いといえます。

ですから私自身、一緒に仕事をしたい、お願い事をしたい、親交を深めたいと、興味を抱いている女性には、いきなり結論を出さずに、日ごろの言動を注意深く観ています。

特に気を付けている視点は3つ。順を追ってお話ししていきましょう。

(1) 女性の本性は身内との電話に現れる!

電車を待っていて、ドアが開いた瞬間に一目散《いちもくさん》に乗り込み座席を確保する女性がいます。

降りる人を優先させ年配の方や身体のご不自由な方へ気遣いするのが、人として当然の振る舞いですが、本人は無意識のうちにやっている。

それがいつものことだからこそ、公共の場でのマナーを観れば、その女性の本性がある程度わかります。

99%の確信をもって言えます。

親しい人との電話のやりとりに本性が現れるのです。

あるアパレルメーカーの女性社長と会食をしていたときのことです。

彼女の携帯が鳴り「あら? 母からの電話。何かあったのかしら……臼井さん、ちょっと失礼致します」と席を離れ店の奥へ行きました。

ここまでは何事もなかったのですが、トイレに立った私は偶然にも会話を耳にしてしまいました。

「……ボケてるんじゃないよ」

「あんたを食わせるために、私がどんなに苦労しているのか、知らないとは言わせないからね」

その一瞬に、私は仰天。普段の彼女なら「お母さんの勘違いではないかしら？」と言うはずです。「食わしている」なんて口が裂けても言わないでしょう。

日ごろどんなに上品で穏やかな話し方をしている女性でも、親や兄弟など身内との電話では聞いたこともないような言葉遣いをすることがあります。

まさに「マダムが一瞬に姉御《あねご》に変身」です。

改めて人は見た目ではわからない。仕事でもプライベートでも女性と付き合うときには、心しないといけないと痛感しました。

(2) バッグは女性を丸裸にする

友人とカフェでお茶を済ませ、割り勘で会計をしようとしたときのことです。

彼女がバッグから財布を取り出そうとしたのですが、化粧ポーチや携帯電話、タブレット、５００㎖の水などがぎゅうぎゅう詰めで財布を取り出すのが難儀。

そこでテーブルにバッグの中身を広げ始めました。

するとしわくちゃのハンカチやガムの包み紙、つぶれたタバコ、むきだしの飴玉などが散らばっていて、清楚な佇《たたず》まいとは真逆《まぎゃく》の不潔な印象を抱きました。

「これが彼女の本質ではないか？」

バッグは、パーソナルな部分ですから普段の自分が丸裸になってしまうのです。

バッグの中は、めったに人に見られるものではないと思っていても、ふとした場面で明らかになるのです。

財布も同様ですから、気を配りたいものです。

（3）靴は正直者

メイクやヘアスタイルをばっちり決め、センス良く服を着こなし、一流バッグを抱えても、足元が残念な女性は意外なほど多かったりします。

有名ブランドだからと、いつ会っても同じ靴。

一足を履き続ける人がいますが、手入れが不十分で革に艶《つや》がなくなっていたり、かかとがすり減っていたり。

ハイヒールですと歩くたびにすり減ったかかとから、靴の芯にある金属音が「カンカン、カツカツ」。

私には、その金属音が、

「靴にお金をかけるゆとりがありません」

「心に余裕がありません」

と、聞こえるのです。

高い靴を見栄張って買うよりも、身の丈にあった靴を買い、大切に手入れをしながら履く。

それが女性のたしなみではないでしょうか。

大根役者クラスの女性から主役級の女性まで、身内との電話のやりとり、バッグ、靴、３つの視点のいずれかで観れば、本性は**ある程度わかります**。

男性は正直、嘘が顔に現れる！

「私は本性を見せない」とか「僕の本音は誰にもわからないね」などと自信たっぷりな男性でも、嘘は一瞬に顔に現れる。

お世辞やお愛想、社交辞令の類は声のトーンや響きに現れます。

その意味では男性はお人よしで嘘がつけない、正直者が多いのです。

そうはいっても、ビジネスの場で相手に決断を迫るときや、イエスを引き出すとき、説得を試みるときには、自分を大きく見せたり相手にメリットがあるような話をします。

嘘も方便。大風呂敷を広げるのは、仕事ができる人の必須条件です。

それはビジネススキルとして必要ですが、鵜《う》のみにしたら「こんなはずではなかった」ということになります。

そんな事態は避けたい。これまでさんざん痛い目に遭ってきたあなたならば、会話をしているときの相手の表情や話し方に注目してください。

人は嘘をつくと、話し方のスピードや調子に変化が表れます。やたらと話が途切れたり、言い直しが多くなったり、声のトーンが変化したり、早口になったり。

あきらかに通常とは異なる話し方になったら、嘘をついていると思っていいでしょう。

また、嘘をついている男性の笑いには特徴があります。

自然にこみ上げてくる笑いは目尻にしわができますが、それを作ろうと意識してもできないのが普通です。

目の筋肉を動かし目尻にしわを作り、なおかつ笑顔でいられるのは至難のワザですから、「男性が嘘をついているかどうか」の判断は、目尻のしわに着目するといいでしょう。

また、嘘をついた罪悪感から優しい行動に出る男性も多いといえます。

誕生日でもないのにプレゼントを渡したり、普段より気を遣った言動が見られる場合には、なにか隠したいことがある。そう思って正解です。

男性の嘘は、相手への想いやりやサービス精神が基になっていることも多く、わかりやすく可愛いものだと私は捉えています。

男性の嘘は、時に愛情表現の裏返しの場合もあります。

ですから、嘘を見逃す余裕も必要なのかもしれませんね。

心と言葉に差がある人は、目を合わせない

男性に少しでも疑問を感じたら、まっすぐに相手の目を見つめてみましょう。視線をそらしたり、行方知らずの目の動きをする男性は問題あり。何かしらあなたに、やましいことがあるといえます。

それでも平静な場合には、口元を見ましょう。どんなに嘘のうまい男性でも、「これでうまくいく」「相手は納得した」と安心して気が緩むと、その一瞬、口元に表れるものです。

たとえば、唇をかみしめる。舌で唇を舐めたり、口角《こうかく》が緩《ゆる》む……その様子に気づいたあなたが目を合わせたら、相手はだんだん声が高くなり、早口になったり、黙り込んだり。動揺は隠せません。

そんなことが見られるようになったら、嘘をついている。事実を大げさに伝えている。隠したいことを知られないように、取り繕っているといえます。

また、嘘が苦手な男性は、都合の悪い話題をふられると不安になり、それ以上追及されない

ために話題を変えたり、聞かれてもいないことを事細かに説明してごまかそうとします。

こちらが首をかしげると、「なんでそんなことを聞くのか？」と質問をしたり、「信用されていないなんて心外だ」と、ムキになり最終的に質問に答えないということもあります。

他にもわかりやすいのは、嘘をついた罪悪感から優しい行動に出る男性が多いということです。

プライベートならば特別な日でもないのに「プレゼント」を渡したり、仕事の場では、普段はお世辞の一つも言わない男性が、「○○さんがいないと、この仕事はうまくいかない」とか、「頼りになるのは○○さんしかいない」など、気を遣った言動が見られる場合には、「何かやましいことがあるのではないか？」と思ったほうがいいでしょう。

外見の変化に気づくのが苦手な男性に比べて、女性は洞察力に優れていると、私は捉えています。

あなたが女性ならば、男性の嘘の大半は一瞬に見抜くことができるのではないでしょうか？

女性は論理的に考えない、直感でものを見るという人もいますが、女性の勘はバカにできません。

ただし、恋愛関係がなくてもプライベートの場では男性は女性を傷つけないために「優しい嘘」をつくことがあります。

そんなときは、気づかないふりをする「貴女の嘘」も忘れないでくださいね。

非言語コミュニケーションの罠

会議や商談など、ここぞという場で勝ち抜く人は、論理的に会話をしている人ではありません。話の内容よりも、間や表情、声のトーンなど、非言語コミュニケーションに長けている人です。

かつてお得意様である通販業者で、私の会社で扱う健康機器と同様の性能をもち、納入価格もほとんど変わりがない製品を扱う同業5社が一堂に会し、プレゼンテーションをする機会がありました。

私は、

（1）結論「その製品によってお客様が得られるメリット」
（2）説明「製品の特長、他社との違い」
（3）通販業者が得られるメリット
（4）質問を促す

という段取りで、話を組み立て挑みました。

論理的にわかりやすく話をすれば、勝算はあると、踏んでいたのですが……。

あっけなく敗退。その後も負けっぱなしで、選ばれるのはいつも同じ業者でした。

「癒着しているのでは、ないのか？」

「出来レースでは、ないか？」

負け犬の遠吠えですね。私は勝者を分析する前に嘆くばかりでした。

でも負けてばかりでは悔しい。こんな調子では、別の商談でも結果が出せない。

「勝者と私では何が違うのか？」

試行錯誤する中で、打開策が見つかりました。


まず行ったのは、目を伏せたり視線を落として、目からの情報をシャットアウトして、頭の中に文字を書きながら、相手の話を聴くことでした。

相手が迫力ある声で話をしても、表情豊かに抑揚をつけて話をしても、すべて「言葉」のみに置き換えて判断するのです。

すると、すごいことを話しているように思えても、実はたいしたことを話していないことに気づきました。

プレゼンテーションで勝ち抜いたり、企画が文句なく採用される人は、話の内容よりも間や表情、声のトーンなど、非言語コミュニケーションの「その一瞬」に魅力を感じさせる工夫をしているのです。

逆を言えば、おどおどして自信がない話し方をしていても、内容はきちんとしていることがある。声のトーンや立ち振る舞いを見ると芳しくない人も、言葉だけを聞いてみると論理的で的を射たことを語っていることもある。

実際、非言語コミュニケーションがイマイチでも、いい仕事をしてくれる人が意外なほどに多いのです。

見た目や声のトーン、表情などはプレゼンテーションや商談などを行う際には、決定材料として大きな要素になります。

私自身、商談や講演、プレゼンテーションを行う際には、重視しています。

しかし自分が、選択をする立場では、それだけで良し悪しを判断しません。

経験則ですが、見た目が良くて心地よい話し方をする人ほど、注意しないと大ヤケドしてしまうことが多いのです。

大きなプロジェクトにかかわる際や、人生を左右しかねない決断を迫られるときには、「非言語コミュニケーション」に惑わされては失敗します。

相手が発する言葉そのものに、注目しましょう。
言葉のみに注目すると冷静な判断ができます。

エレベーターの開閉に表れる人間性

人間性を判断する際、私が指標にしているのが、ちょっとした動作、しぐさにゆとりがあるかどうかということ。

人柄が良く仕事ができる人は、お辞儀の仕方、名刺を差し出すとき、書類を手渡す際、コーヒーを飲むしぐさ、ドアの開け閉めなど、一つ一つの所作《しょさ》が実に美しいのです。

分刻みのスケジュールのなかで働く人なのに、慌《あわただ》しさや忙しさは微塵《みじん》も感じさせない。

彼らの周りでは、時がゆったり流れるような「心地《ここち》よさ」さえ覚えるのです。

旅行代理店を経営するTさん（60歳）と、エレベーターに乗った際、

「臼井さん、急いでも1分、ゆったりでも1分。1分に違いはないんだよ」

彼は、エレベーターに乗るや否や当然のように「閉」のボタンを押す私に、釘を刺しました。

自動的に扉が閉まるわずかの時間を待てないで、「閉」のボタンを押してしまう。

そうすることに、私は疑問も違和感も覚えていなかったのです。

「閉」ボタンは押さない。

それだけのことでも、ゆとりのある振る舞いになります。

そうすれば扉に人を挟む危険をおかすこともなくなりますし、同乗する方にも穏やかなムードが伝わり、和やかな時間が共有できるでしょう。

閉まりかけのエレベーターに、駆け込むなんて行動をとるのは、命知らずの乱暴者というだけでなく、周囲を慌てさせる愚かな行動です。

賢明なあなたはしませんよね。

「急いでも1分、ゆったりでも1分。1分に違いはない」

本当にそうなのです。

人柄が良く仕事ができる人は、間違っても、エレベーターの「閉」ボタンは押しません。押そうとする人を、「冷ややかな顔」で、見つめています。

「ゆったり行動すれば、一目置かれるのに……」

「なぜ、待てないのだろう？」

そう心の中で、つぶやいていることでしょう。

頼りにされる人は、忙しいからこそゆったりエレガントに動く。

感謝と愛情、尊敬の念は、「一瞬」の振る舞いに表れるのです。

「ローストビーフ」に群がる人

パーティーの席で、祝辞や挨拶はうわの空で、メインディッシュともいえる「ローストビーフ」や「マスクメロン」などが置かれたビュッフェ台を眺め、スピーチが終わるやいなや、まっしぐらという人がいます。

こういう中に、高収入を稼ぎ出す人や信頼を集める人を見つけることはできませんし、その予備軍も探せません。

「ローストビーフ」に群がるのは、その他大勢から抜け出せない人。

外見が良く賢そうに見えても、中身はスカスカ。

見掛け倒しの人が多いといえます。

実は私、パーティーやイベントに参加した際には、「ローストビーフ」や「エビのコキール」「マスクメロン」など、ビュッフェ台に供される高級料理に群がる人の顔ぶれを、必ずチェックしています。

経営状態が悪くなるとか今のポストが危うくなる、パートナーとの仲が冷ややかになるなど、問題が生じてくると、「男の美学」や「女のたしなみ」を心得ていた人であっても、「本能的な欲」に支配されるようになる。

その際たるものが、その人の一瞬の「食欲」に表れるからです。

私は、「ローストビーフに群がる人」の中に、クライアントや知人、仕事仲間などを見つけたら、付き合い方を見直します。

見かけに惑わされ、仕事ができる人、権限がある人、一流の人だと判断し深入りしたら、トラブルに巻き込まれる可能性が大きいからです。

かつて、私自身トラブルに巻き込まれそうになったことがありました。

パーティーの席で山盛りの料理をがつがつ食べている「著名な経営者」に違和感を覚えたのですが、一流ブランドを身にまとい高級時計に高級外車、別荘……。

外観から彼の懐事情を疑う余地はありませんでした。

「忙しくて朝から食べていない」と言いながら、大食いする彼に、若干疑問を感じていたのは事実ですが、まさかあんなことが起こるとは……。

パーティーから3日後、突然電話があり「投資話」を持ちかけられました。

東南アジアのある都市ですが、政府高官との間に強いパイプがあり、ショッピングモール建設が決定している土地を、今ならば安価で手に入れられる。

大きな利ザヤが、短期間で得られるというものでした。

「そんな美味しい話ならば、あなたは当然、投資しているのですよね」

「もちろんだよ」

「そうですか？　でも私だったら、本物の儲け話は他人に打ち明けないけれど……」

「いや、あと少し集まらないと計画が頓挫するので」

彼曰く「1000万円もあればいい」とのこと。

「1000万円もあればいい」という一瞬の物言いにお金へのリスペクトがないと腹が立ったと同時に、儲け話に釣られて行動する人間に私は思われていることが悔しくて、

「二度と連絡をしないで」と、電話を切りました。

そして半年もしないうちに、彼は消息不明。

私は難を逃れましたが、周囲には投資話を信じてお金を工面《くめん》した人もいました。

お金や人間関係などに問題が生じてくると、「男の美学」や「女のたしなみ」を心得ていた人であっても、「本能的な欲」に、支配されるようになる。

その際たるものが「食欲」に表れる。

これらは偶然では、片付けられません。

仕事ができる人、知性や品格に優れている人は、「男の美学」や「女のたしなみ」に影を落とすような行動に敏感です。

ローストビーフ一つとっても、そこには独自の視点があるのです。

インテリというバイアス

「女性は感情的だ」「男性は論理的だ」など、自分の経験や知識からではなく、一般的な概念から判断を下す人がいます。

こうした人は心理学では「ステレオタイプ」と言われ、差別や偏見を招き、人間関係で問題を起こしやすいタイプです。

あなたも耳にしたことがありませんか？

「女だからそんな仕事をするべきではない」

「一流大学を卒業したから、一流企業に就職できた」

「家柄がいいから、マナーを心得ている」

など、とかく**人は一般的な概念にとらわれ、偏見をもちやすい**ものです。

その点を理解した上で、相手を見なければ間違った判断を下してしまいます。

かつて私は、こうした偏見から失敗を重ねてきました。

特に、惑わされたのが「インテリ」と呼ばれる人たちの発言でした。

一流大学を卒業後、一流企業に勤め「出世頭」である。あるいは弁護士や弁理士など難関資格を一度の受験で合格した人たちです。

インテリは、知識があり人を見る目をもっていて、自分の判断に誤りはない、というような確信を抱いている場合が多くあり、第一印象で決めた相手の能力や可能性の判断を変えようとしません。

人にはさまざまな可能性があり、第一印象で見せる姿は、その人の一面にすぎません。

今は恵まれない環境や地位に甘んじているからといって、能力が低いとは断定はできないのです。どんなきっかけで能力を発揮するか誰にもわかりません。

長い目でじっくりと評価を下すべきなのに「弁護士としての資質に欠けるから合格できない」「無名企業だから信用できない」など、さらっと言い放つ彼らに、経営者になりたてのころの私は疑うことなく、共感していました。

私自身、誇れるような学歴や資格がなかったことも、インテリの判断を信じる要素だったのです。

そして社員を雇用する際には「志望動機」よりも、「学歴や資格」を重視して採用の合否を決めていました。

振り返れば、軽々しく人を評価していたのです。

結果、「プライドのお化け」のような社員や、「自分の判断を曲げない」頑固《がんこ》な社員が会社に蔓延《まんえん》。取引先やお客様から「社員教育ができていない」と、クレームが入るようになりました。

「人柄が悪い」とか「頑固だから」を理由に、社員を解雇するのは難しい。彼らは目に見える損失を会社に与えたわけではありませんから、解雇ではなく「辞めていただけるように仕向ける」という策を講じるしかありませんでした。

縁あって雇用した人を、辞めていただけるように仕向けるなんて、不本意です。

私に偏見や差別などしないで冷静に人を見る目があれば、そんな悩ましい想いをしなくて済んだのです。


インテリのすべてが、第一印象で決めた相手の能力や可能性の判断を変えないわけではありませんが、人は安易に他者を判断しがちです。

「○○さんは、理数系出身だから数字に強い」

「○○さんの家は、医者の家系だから息子さんもその道を進むに違いない」

などと、印象をもつのです。

それらがすべて誤りだとは言いませんが、**第一印象と偏見は根深い**ものです。

ペンを落として人間性を見抜く

鈍感な人は、どんな分野の仕事でも成果をあげることができない。

これは偏見ではなく、私の経験に基づいての結論です。

鈍感とは、「感じる力」「察する心」が、欠如しているということです。

感じる力がある人は、情報を与えられたら、目や耳や鼻、肌から何かを察し考える。

誰かに促されなくても、周囲のさまざまな事柄や人に関心を示し、相手の心を読んだり、自分の長所や短所を知り学ぶものです。

しかし「鈍感な人」は、仕事や人間関係でミスをおかしたら「大変だ！」と大騒ぎしたり、「次は失敗しないぞ」と意気込むだけに終わります。

あなたは、決して「鈍感な人」ではありません。

鈍感な人は、「人を見る力」をテーマにした本書に手を伸ばすはずなどないからです。

しかしあなたの周囲には、数多の「鈍感な人」がいます。

彼らは自身の鈍感さに気づいていませんから、場をわきまえない言動をしたり、礼儀を無視して、怒りを買ったり。

そういう人と関わったら、あなたの気苦労は、計りしれません。

「鈍感な人」のせいで、感じる力のあるあなたは心身とも疲労困憊《ひろうこんぱい》です。

仕事に支障をきたす恐れもありますから、鈍感な人を見抜く法を知っておいたほうがいいでしょう。

時折私は、自身が主催している勉強会や講演会が始まる前に、演台の前にさりげなくボールペンを一本落としておきます。

開場時間になると、参加者が入ってきます。

そのときの一瞬の反応を密かに見ているのです。

一番目立つ演台の前にボールペンが落ちているのに、まったく気づかない人もいますし、気づいても、またいでいく人や拾おうとしない人もいます。

そういう人は、感じる力がない「鈍感な人」。成長の見込みはあまりない。

深く関わったら、振り回されると思えてきます。

一方、そっと拾って演台に置く人や、「落とし物がありました」と伝えてくる人は、目配り、気配りができる、ささいなことでも見逃さず感じることができる人です。

たまたま見逃した、ということもあるでしょう。

会場で友人に出会い、会話の花が咲き気づかなかったという人もいるでしょう。

それは理解できます。


常に感性のアンテナを張り巡らしなさいとは言いませんが、容易に見えるものに気づけないのは、鈍感な兆しがあるのではないでしょうか？

感じる力は生まれついてのものと言う人もいますが、周囲への思いやりや尊敬、感謝の念があれば、「鈍感」でいられるとは思えません。

自戒をこめて「感じる力」は磨き続けたいものです。

侮れない「血液型判断」

先日、経営者50名ほどでゴルフのコンペを行ったのですが、プレーが終わり、表彰式を行う際、普段通りに名前と社名、役職、ゴルフ歴を披露するのではなく、「仕事以外での目標」と「血液型」など、日ごろ聞けないコメントをもらおうと、進行役を任されていた私は考えました。

それは、ビジネス社会を勝ち抜き、ゴルフの腕前も一流の方の日常を知りたいという、私の好奇心から出たアイディアでした。

ブービー賞、ニアピン賞、3位、準優勝、優勝者を表彰するのはお決まりですが、ゴルフウエアのセンスがいい人には「スタイリッシュ賞」、気合と結果とが伴わない人には「ミスマッチ賞」、プレー中、和やかなムードを心がけていた人には「ホットモット賞」など。

一年を締めくくる最後のコンペでしたから、ほぼ全員が何らかの賞をとれるようにも、配慮しました。

授賞式が始まり、司会者としてインタビューを始めた私。

「スタイリッシュ賞」「ミスマッチ賞」「ホットモット賞」「ブービー賞」「ニアピン賞」「３位」「準優勝」「優勝者」と進めていくうちに、面白いことに気づきました。

日本でもっとも多いとされる「A型」の方が少ないのです。

圧倒的に多かったのが「O型」、次いで「B型」でした。

血液型の本によると、「O型」は、リーダーに多いといいます。

組織に忠実で協調性があり、リーダーシップに富んでいると。

なるほど、リーダーシップを発揮する人間がビジネス社会で成功する、経営者に向いているというのは、頷けます。

一方、「B型」は個性的で人の意見にあまり左右されませんが、自分に厳しく行動で模範を示す、「いい意味で我が道を行く」タイプだといいます。

確かにコンペの参加者の中でも、独創的なアイディアで業界トップシェアを誇る経営者は「B型」でした。

もともと少ない「AB型」がその日の参加者に一人もいなかったのはわかりますが、絶対数で多い「A型」が50人中５名だったというのは、偶然ではないようにも思えます。

「AB型」は俗に、つかみどころがない、理解し難いタイプが多いといわれます。
「A型」はコツコツ地道に頑張る、組織の中心になるよりも参謀役として力を発揮するといわれています。

誤解が生じないように付け加えますが、私は血液型でその人の役回りやポストへの適応性を判断したことはありません。

冷静かつ客観的に人を見てきました。

しかし「そういえば、彼はO型だったから」「やはりB型だから……」と、血液型を知って納得したことは多々あります。

人を形成する要素は才能や資質が2割、8割は環境です。

その意味からすれば資質と言える「血液型」は、普段、影響を与えることはあまりないでしょう。

しかし、絶体絶命のピンチや千載一遇のチャンス、想定外の出会いなどがやってきた際には、「血液型」が作用することが多いのではないでしょうか。

ちなみに私は、「O型」。経営者向きではあるようです。

強い組織、弱い組織を見抜く方法

組織がまとまっているかどうか。

チーム一丸となって、同じ方向に向かっているかどうかを見るには、そこに属する何人かにこう質問するといいでしょう。

「あなたの目標は何ですか？」と。

そこで、

「昇給すること」

「管理職に就くのが目標です」

「同期よりも早く出世すること」

というような答えがあったとしたら、組織を度外視して個人主義に走っている社員が多いと思わざるを得ません。

組織を第一に考えていたら、

「業界でナンバーワンのシェアに会社を押し上げること」

「一部上場企業になるように奮闘します」

というような答えがあるでしょう。


自分の活躍を誇りたい。

目立つような数字を残したいと思う気持ちは、誰しもあるでしょう。

それは技能の質が問われる職人や個人プレーで競うスポーツの世界では、通るかもしれません。

しかしそれでも、一人での成功などない。

見えないところで、支えてくれる人や力が必ずあるのです。

それを忘れ、自分にとって都合のいい目標を掲げるとしたら、感謝の念や他者への思いやりを忘れていると言えるでしょう。


目標を問われ、「昇給すること」「管理職に就くのが目標」「同期よりも早く出世すること」などと、個人の目標が真っ先に口に出る社員がいる組織は強くなることは望めない。

強い組織と弱い組織との差は、こうしたところから読み取れます。

プロジェクトを組んで仕事をしようと考える相手＝組織の実態がどういうものか？

「あなたの目標は何ですか？」を切り口に探ると、わかってきますよ。

「敏感」を口にする「鈍感」な人

「時代の動きに敏感だから、ヒット商品が生まれる」に始まり、「敏感だから人を見る目がある」とまで、かつて私は豪語していました。

振り返れば恥ずかしくて汗が出てきます。

「敏感」とは、感性が豊かで情報通ということ。敏感だから、言動を見聞きすれば相手の腹の内がわかるなんて、正気で思っていたのです。

でも実際は、ヒット商品やヒット作が続々生まれたわけではなく、さまざまな方の尽力や扱ってくださった取引先との相性、タイミングがマッチしたからであって、私が敏感であることなど関係ないのです。

ましてや「敏感だから人を見る目がある」なんて思いは、勘違いの最たるものでした。

実際、知人の紹介で採用した人の履歴書の嘘を見抜けませんでした。

職歴にあった有名広告代理店勤務という記述や、普通免許取得、何と住所と名前までインチキだったことに気づいたのは、入社半年を過ぎたころだったのです。

知人はそれを承知で私に紹介したのですから、知人と社員、両者から騙されていたというわけです。

これを鈍感と言わずして何と表現したらいいのでしょうか？

私の感性も社長勘も、たいしたものではなかった、というわけです。

「敏感だからこういうものは苦手なの」

「敏感だから、そういう場所には行かないようにしている」

神がかりのようなことを理由に、頼まれごとを拒否する人。

「敏感だから、それ以上言わないで欲しい」

「敏感だから、(あなたの話を)聞かなくてもわかる」

そういって、人の発言を制止する人。

ビジネスやプライベートでの付き合いでも、「敏感」を言い訳の材料にしている人は本当に多いのです。

でも、そろそろ止めませんか？

あなたが敏感だというたびに場がしらけ、「まあ何と鈍感な人だろう」と、呆れる人が増えているのですから。

男性をダメにする女性

同性として言いにくいのですが、伸びようとしている男性の芽を摘んでしまう女性が多いことに危機感を覚えています。

それは専業主婦、兼業主婦、婚約者、同居人、年齢や環境にかかわらない現象です。

たとえば彼が、「司法書士の資格を取得したい、勉強を始める」と言えば、「司法書士って難関資格でしょう、あなたには無理よ」

「勉強を始めたら、仕事がおろそかになる、ダメよ」

なぜ彼がそういう道を選択したのかを聞こうともしないで、真っ向から否定するのです。

すべての行動には意味があります。

ましてや、「○○したい」と表明するのは、考えた末の大きな意志なのに、応援はできないまでもせめて、見守ってほしいと願っているパートナーから「ダメ出し」をされたら、デリケートな男性は、意気消沈を超えてあなたの人間性を疑うでしょう。

極端な話、「こんな女とは暮らせない」「結婚相手に選択したのは間違いだった」と思うのではないでしょうか。

それでも目標に向かって突き進むのがプライドを持つ男性ですが、「ダメ出し」をするパートナーがいては、やる気がそがれるのは疑いようもありません。


なぜ、彼の言動を真っ向から否定するのか？

それは安全、安心、安泰を好む気持ちや、彼の潜在能力を知ろうとしないから。

成功を願うよりも、現状維持を求めるからです。

もちろんすべての女性が、そうとは言いません。

日ごろの2人のやりとりを見ていれば、彼をダメにする女性か、成長させる女性かわかります。


「私がいないと、この人は何にもできないの……」

「忘れ物や失くし物が多いのよ、この人」

「のんびりしていて困るの、本当に」

こうした発言をする女性は、意外なほどに多い。

彼の世話をかいがいしくしている「できた妻」「できたパートナー」のつもりでしょうが、

彼を子ども扱いしている「ダメ女」にしかすぎません。

女性はキツイ物言いをされても、泣いたり口応えしてすぐに立ち直れますが、男性はそういう言動はとらない。

黙って冷静に相手を見ているのです。

男性があなたの言動に何も反応しないのは、容認しているのではなく、呆れ果て諦めているのです。

彼の言動をすべて認めなさいとは、言いません。

彼が明らかに間違った判断をしたときには、きっぱり理由を明確にして諭すことも求められます。

しかし基本は、彼の言動を見守ること。

それが男性を成長、成功へと導くのです。

カラオケにはヒントがいっぱい！

仕事仲間や先輩、ときに取引先と、会食後に「カラオケボックス」に繰り出すことがあるでしょう。

そんな際、相手のしぐさに注目すると、その人の内面を垣間見ることができます。

まず注目するのは、座る位置です。

座る位置に、意外なほど隠れた性格が出るのです。

カラオケのモニターに近い場所に座るのは、主導権を握りたがる「仕切り屋さん」で、ともすれば、上から目線で物言いをする危険性を秘めています。

逆に、カラオケモニターからもっとも離れた位置に座る人は、自信がなく自分をわき役だと思っている。

実際は能力充分なのに、自分を過小評価するところがあります。

電話近くに座る人は、世話好きな人が多い。

ときに、歌唱に自信がない分、飲み物や食べ物のオーダーをしたり室温調整をしたりして、ごまかす気持ちが働いている場合もあります。

入口から一番離れた席に陣取るのは、会社で言えば経営者、仕事仲間でカラオケボックスに行ったとしても、無言で「私は実力者だ」と語っている人です。


次に注目するのは、「選曲」です。


皆で盛り上がる曲を真っ先に選ぶのは、気配り上手でリーダーシップが取れる人。

誰もが知る、スタンダードナンバーを歌うのは、思い出を大切にする人。

それを情感たっぷりに歌うならば、ナルシストともいえます。

目をつぶり、胸に手をあてたりポージングしながら歌う人は、自己陶酔型と思って間違いありません。

そんな姿を見せても平気なのですから、自分が大好き。

正直ですが、心得ていないと振り回される可能性があります。

また、周囲の選曲や雰囲気など意に介さず、自分の好きな曲を歌いまくる人は、物事に動じないという面と場をしらけさせる面を持っているのではないでしょうか。

中には、カラオケに行ったのに決して歌わない人がいます。

友人にもいるのですが、「なぜ歌わないの？」とたずねると、

「聞いているのが好きだから」と答えるのです。

そう言いながらも誰かが歌い始めると小声で、歌ったり、リズムをとったり。

本当は歌いたいのです。

そこで、「生バンドならば歌うのでしょう?」と水を向けると、「とんでもない、冗談キツイな」と言いつつ、まんざらでもない表情をするのです。

こういうタイプは、プライドが高くてハメを外して騒げないのです。

オンチだと思い込んで歌わない人も中にはいますが、**仕事や人間関係をそつなくこなしている人に、基本オンチな方はいません。**

仕事や人付き合いは、相手との呼吸＝リズムやタイミングを計ることが欠かせないでしょう。

正しく伝えられるということは、言葉運びに問題がない、ということ。

音程を外すことはまずないことを意味していますから。

人を見抜く基準「おいあくま」

私は人を見るとき、「おいあくま」を一つの基準にしています。
「おいあくま」とは、
「お」おごり高ぶる態度をしていないか。
「い」威張っていないか。
「あ」愛を万物に注いでいるか。
「く」腐っていないか。
「ま」マメにまじめに取り組んでいるのか。
それぞれの「頭文字」をとり、「おいあくま」というわけです。

それは**自分を見つめる基準**でも、あります。
成果に浮かれ、成功に調子に乗り天狗になるのは、人の常。
お調子者の私は、すぐに図に乗り人としてのありようを見失う。

ですから、「おいあくま」で軌道修正をしているのです。


ミスやトラブルが続く人は、「く」の状況。腐っていることでしょう。

そのままでいいのですか？

「あま」に着目し、愛を万物に注ぎながらマメに真面目に目の前のことに取り組んでみましょう。素晴らしい展開が待っていますよ。

あなたの元から人が離れていくのならば、「おいあ」が、特に問題。

おごり高ぶる態度で威張り、他者への愛が足りないのではありませんか？

「おいあくま」に関して、自分は何の問題もない。疑問を感じないあなたは、素晴らしいと言いたいところですが、「甘ちゃん」です。

貪欲に学ぶ姿勢や向上心が足りないと、言えるでしょう。

「おいあくま」を基準に人を見るとき、自分に厳しく他人に優しいならばまだしも、自分に甘く、他人には、

「おごり高ぶっているなあいつ」

「威張り過ぎだぞ、最近」

なんて、判断しているようでは、あなたの見る目は曇っているといえるでしょう。

まずは冷静かつ客観的に、「おいあくま」で自分を見つめてください。

危険な口ぐせ

「一応」とか、「とりあえず」が口ぐせの人があなたの周りにいませんか？

「この仕事をやってください」と頼むと、「一応やっておきます」という返事が返ってくる。

すると、その「一応」という言葉にカチンとくるでしょう。

また「とりあえずやっておきます」という返事では、「きちんとやってくれるのだろうか？」と、心配になります。

「一応」とか「とりあえず」という言葉は、相手を不愉快にさせる言葉の代表格です。

そういう彼らは、決断や断言をする勇気がありません。

ですから「一応」「とりあえず」をクッションにして、自分を防衛している。

責任を回避しようとしているのです。

その思惑は、聞いている人には、

「この人は自信がないのだ」「この人を信用することはできない」という印象を与えてしまいます。

あなたの周囲に、「一応」や「とりあえず」を多用する人がいたら、思い切った行動ができないと解釈して、大きなプロジェクトに参加させたり、重要な仕事を任せたりするのは極力、避けたほうがいいでしょう。

彼らは、あまりに仕事が大きいとひるんで逃げ腰になり、成果を出すことが難しいといえます。

そんな「一応」や「とりあえず」を、普段は使わない人があえて使うときがあります。たとえば、難しい仕事や面倒なことを頼まれたときに、「本当はやりたくないが、いきなり断ったら相手に悪い、でも断りたい」というような意識が働くときに、「一応やります」「とりあえずやってみます」と言って、本当はやりたくないという気持ちをさりげなく伝えようとするのです。

嫌味な物言いですが、自分はやりたくないと思っていると伝えることはできます。

口ぐせではなく意思をもって「一応」とか「とりあえず」という言葉を使う人は、頑固な傾向があります。人から指示や命令されること、任されることを嫌うのです。

「一応」「とりあえず」が口ぐせの人は自信がない。
あえて「一応」「とりあえず」を使う人は、頑固な面を持っている。

口ぐせであるか意図的に発言するのかで、相手の性格は異なります。

「ピコ太郎」のブレイクを見抜いていた?!

「アイハブアペン、アイハブアンアッポー……」で始まる「ペンパイナッポーアッポーペン」のフレーズと派手ないでたちを初めて見聞きした時は、「何でこれが受けているのか？」私には理解できませんでした。

「ピコ太郎」という芸名もふざけていて、失礼ながら「一発屋に終わるだろう」と冷ややかな目で彼の活躍をみていたのです。

しかしその歌声には懐かしさを覚えていました。

「何だろう？　この感覚は」

ほどなくテレビや雑誌などメディア関係者から、

「臼井さんは、ピコ太郎とつながりがありますよね」

「昔、彼に投資していましたよね」

と、取材が入り始めました。

「ピコ太郎、投資……？」

今の髪型、ファッションからは思いだせなかったのですが、「懐かしさを覚えた歌声」が、13年前のテレビ番組「マネーの虎」での出会いを、鮮明に浮かび上がらせてくれました。

その番組に、「ロンドンでバンドデビューしたい」と挑戦してきたのが、今の「ピコ太郎」、当時は「ノーボトム」というバンドを率いていた、お笑い芸人「古坂大魔王さん」でした。

お笑いブームに乗ったものの今一つ、ブレイクできなかったから、今度は音楽に向かおうとしているのか？　売れたいからの戦略なのか？

「ロンドンでバンドデビューしたい」という彼の計画を耳にしながら、私は疑いの目を8割がた向けていました。

彼が持参したバンドのＤＶＤを見ても「造られたプレゼン」のようで、心が動きませんでした。

そこで「生歌」を聴きたいと申し出ました。

演奏無しのアカペラで「声」を聴きたかったのです。

言葉は繕うことはできても「生の声」は嘘をつけないからです。

歌がうまい人はたくさんいますが「いい歌を歌う人は少ない」。

音楽のプロではない私が口にするのはおこがましいですが、音感が優れているとか、リズム感が優れている……を超越した「いい歌を歌える可能性を秘めた人」ならば、投資をしたいと考えました。

そして彼が選んだのが「津軽地方の民謡」をベースにした歌でした。

「津軽じょんがら、じょんがら節を……」

私はひと声で心をつかまれました。この声にウソはない、アーティストとして大化けする可能性がある。そう思い、番組冒頭に「その声に100万円」と、投資をしました。

他の虎も200万円。彼の希望金額は700万円でしたから、残り400万円を誰かが投資すればプランは成功。ロンドンデビューに舵を取ることになる。

彼の声に惚れた私は「400万円、出してもいい」とほぼ決めていました。

しかし、躊躇させたのが、

「ロンドン滞在中の衣食住の費用、すべてを虎がもつということ」↓　少なからず貯蓄はあるはずなのに、丸抱えはおかしいのではないか？

「古坂大魔王さん以外のメンバーに華を感じなかった」↓　どんな業界でも成功するには、実力や能力以外の「華」が欠かせません。

「この声を活かす道はないだろうか？」

「ロンドンデビューの前に、日本でブレイクできるはずだ」

収録が終了するギリギリまで思い悩みましたが、投資の上乗せはしませんでした。

「ノーマネーでフィニッシュ」です。

「ロンドンデビューの前に、日本で花を咲かせようね」

去り際に私は声をかけましたが、ここまで大きな花が咲くとは、想像していなかったです。

古坂大魔王さんの声には色気があります。それは当時も今も感じることです。

ラブバラードやジャズ、シャンソン……そんなジャンルでも魅力あふれる歌声が聴きたい。

あれから13年、マネーの虎というよりも一ファンとして彼の歌を待ち望んでいます。

第2章　注意！　こんな人は近づけない！

トラブルメーカーの法則

しっかり人を見ないと、トラブル続きの人生を歩みます。

そういう人は、「優しそうだから」「親切そうだから」「頼りになりそうだから」と、「優しい」「親切」「信頼」という事実を見ていなくても、相手の言葉遣いや振る舞いから醸し出される雰囲気や世間の評判、他者の評価から「いい人」「悪い人」を選別しているといえます。

俗に「現場百遍《げんばひゃっぺん》」と言いますね。

「現場百遍」とは、警察による事件捜査などに使われる表現で、事件現場にこそ解決への糸口が隠されている。

100回訪ねてでも、慎重に調査すべきという意味です。

しかし、それほどしても、迷宮入りの事件が存在します。

私たちの仕事や人間関係では、犯人捜しを求められるものではありませんが、少なくとも自分の目と耳、足で確認して納得しない限り、善悪の判断をしてはいけないでしょう。

「いい人みたい」「信頼できそう」という価値観での判断は、一か八かギャンブルに大金をつぎ込むのと同じです。

あなたの口ぐせに「何だか」「何となく」「……かもしれない」があるとしたら、一か八かで判断する傾向にあると疑ったほうがいいでしょう。

そういうあなたが特に、注意して欲しいのは、頼んでいないのに、
「ここはこうしたほうがいい」
「お手伝いしましょうか？」
などと、近づいてくる人です。

経験則ですが、こういう人は「トラブルメーカー」である可能性が高い。

トラブルメーカーは、問題を抱えている人を見つけたり、不幸の匂いをかぎつけるのが得意で、親切の仮面をかぶって近づいてきます。

あなたが元気いっぱいで仕事に燃えていたり、人間関係が円満だったり、熱中できる趣味や愛する人に関心が向いているなど、エネルギーに満ちあふれたときには、「トラブルメーカー」は、おとなしくしていますが、弱気を見せると、やってくるのです。

落ち込んだり悩んだり疲れていたり、心身が弱っているときには、ちょっとしたことに動揺し、判断力も鈍ります。

そこにつけこみ、いかにも同情するふりをするが、相手のことなど思っていない。

「どうしたの？　大丈夫？」

「私が力になるから、話をして」

そういって、弱点を聴き出しながら、あなたがうろたえる姿を見て楽しんでいるのです。

私もこうした「トラブルメーカー」にさんざんな目に遭ってきました。

人を見る目がなかったころの私は、困っているときに声をかけてくる人は、善意の持ち主だ、善意の人でなければ大切な自分の時間を私の悩み解消に費やしてくれるはずなどないと、思っていました。

でもそうではなかった、数多の失敗から学びました。

エネルギーが弱っているときには、「その一瞬」に気がつかないので、できる限り人に会わない。

そうでないと、愛情という仮面をかぶった「悪魔」に魅入られる可能性がありますから。

寂しい人のところには、ずるい人が集まる

ある時期まで、私は心配や不安の材料ばかり抱えていました。
信頼していた人に裏切られる。信用を寄せていた人に騙される。
そんなことが始終で、人間不信に陥ったのは数えきれません。
何度も裏切られ騙され、やっとなぜそうなるのかがわかりました。
問題の原因は、私の中にあったのです。
今の自分に無理をしている。嫌いなことを好きなふりをして行っている。
自分を偽っているから道を間違える。
寂しいから、誰かに受け止めて欲しくて自分を偽る、無理をする。
私は「負のスパイラル」にハマっていたのです。

持ち上げてもらいたいときに、近づいてくる人には、チヤホヤの代償を払うことになるのです。寂しいと、ずるい人が集まってくる。

そして「危ない人」だと悟っても、寂しいから断れず痛い目に遭うのです。

私は病身の夫の後を継ぐ形で経営者になりました。

28歳年上の夫との結婚は、両親に猛反対を受けましたし、周囲からは「お金目当て」と揶揄《やゆ》されました。

そして結婚間もなく主人が倒れましたから、「保険金殺人に失敗した?」なんて、物騒な噂もたって、私は理解されないことが寂しかった。

経営者の器もなければ、ビジネスの経験も乏しい自分に劣等感を覚えて、孤立感や虚無感にも襲われていました。

誰でもいい。私の話を聞いてほしい。優しく励ましてほしい。

心がすさんでいたのですね。

おかしな人と接してしまったのです。

彼女はいつでも、どんな時でも「寂しい」「苦しい」と言えば、話を聞いてくれました。

深夜、車を飛ばしても私に会いに来てくれたのです。

「大丈夫、由妃さんならば乗り越えられる」

「私がついているから、心配しないで」

それは天使の声でした。

「こんなに私を思ってくれる人がいる」と。

いい友に出会えたことを、感謝しました。


でもそれは偽りの関係でした。

寂しい私は相手を好きとか嫌いとかではない、ヨイショが欲しい。

ヨイショしてくれるから、彼女をいい人だと思ってしまっただけなのです。

付き合いが深まり、旅行に行く、買い物に行く。

でも支払いは、「私がするのが当然」のようになり、「おねだり」が激しくなり、おかしいとは思っても断れない状態が続き、自宅から宝石や時計、お金がなくなる事件が起きました。

空き巣や窃盗の跡はありません。

鍵を持つのは私だけ。自宅に招き入れたのは、彼女だけ。

疑うのも当然でしょう。

そして警察に被害届を出そうと動きだした途端、彼女と連絡がとれなくなりました。

トラブルを起こしやすい人は、すがりつかれる。

寂しいからそれを許す。自分がおぼれているのにすがりつくのです。

今を乗り越えようとするとき、誰かに相談するのではなく人間関係を整理すること。

あなたの周りにおかしな人がいないことを祈りますが、そういう人と接するのが世の常なのです。

「普通の人」を見抜くのは難しい

これといった欠点もなければ、飛びぬけた長所もない。

おしゃべりでもなければ、無口でもない。際立った魅力や能力が見いだせない。

何を基準にそう判断するのかあいまいですが、私たちが日々出会うのは「普通の人」では、ないでしょうか。

そして自分も相手から見れば普通の人です。

普通の人とどう付き合うのかは、誰にとっても課題であり、暗中模索を続けている方が多いことでしょう。

親しくするべきか、遠ざけるべきか？

人は無意識に、相手と付き合うメリットとデメリットを計算しているものです。

しかしそれが言葉や態度に表れる人ばかりではありませんから、判断がつきにくいのが現実です。

そんな中、比較的わかりやすいのが自己中心的な傾向にある人です。

一対一で会話をしていると気づきませんが、三人以上で会話を始めると、徐々にその兆候が表れます。

Aさん「○○さんの新刊、最高だね」
Bさん「本当に、最高。何度も泣かされた」
Cさん「私も読んだけれど、そんなに感動しなかったなあ」
Aさん「そうなんだ……どうしてかしら？」
Bさん「何度も泣いたのは、おかしい？」
Cさん「私は泣くのはおかしいとは、言っていない。感動しなかったと、私は言っただけよ」

賢明なあなたは、もう気づいていらっしゃいますよね。

自己中心的な傾向にあるのは、Cさんです。

対面で会話をしているのですから、わざわざ「私は」と言わなくても、発言者はわかります。自分の意見か他人の受け売りなのかも、「私は」を使わなくても、話の成り行きで理解できます。

ですがCさんは、その一瞬に「私は」というのです。

こうしたタイプは、自分の考え方や捉え方と隔たりがあることを持ち出されると、熱くなる。それまでおとなしくしていたのが、嘘のように攻撃的に、豹変する人もいます。

三人ともなれば、一対二というように、共感する人とそうでない人に分かれることも、あります。

自己中心的な人は、「私は」を主張することで少しでも自分に共感してもらいたいと願っている。逆を言えば、一人になるのが嫌なのです。

「私はこう思う」「私だったらこうする」……こんな「私」は意見や見解の相違を述べているのですから、納得できます。

それでも「私は」「私だったら」「私は」……が続けば耳障りです。

その様子に閉口していると、

「私の話、聞いている？」などと、「私のダメ押し」をしてくる人もいます。

こうなると、自分しか見えていない。他人の話など聞いていない、自己中心的で扱いにくい人だと、誰しも思うでしょう。

ここまで読んで「私に限ってない」と、思ったあなた。

「私に限って」と思う、言うのは、自己中心的捉え方の際たるものですから、気をつけたほうがいいですよ。

会話をする際は、主語に注目しましょう。

「私」を連発する、「私に限って」という。

なかには「わたし的には、ＮＧだ」と、「私」をぼかして自己主張する人もいますから、耳を澄ませてください。

大人になっての自己中心的な人は、直りません。

近づけるか遠ざけるかは、あなた次第です。

「ダメな人」と、どう付き合いますか？

空気を読まない発言をする人、悪口や噂話が好きな人、自分を必要以上に大きく見せたがる人、平気で嘘をつく人、レスポンスが遅い人、言い訳が多い人、持ち上げておいて何事もなかったように陰で批判をする人、自分が一番偉い、賢い、美しい、かっこいいなどと思っている自己中心的な人……、「こんな人とは付き合いたくない」というダメな人をあげたら、キリがありません。

そういう私も誰かの「ダメな人リスト」に入っているかもしれませんね。

それだけ「ダメな人の基準は多種多様」で、今は合格でも、ちょっとしたことで不合格に転じる可能性が大きいのです。

ダメな人とは、ひと言でいえば自分と価値観が合わない人。

そういう人と付き合うのは正直、面倒ですし気疲れもしますから、知らん顔を決め込みたいですが、仕事でもプライベートでも許されるものではありません。

あなたがダメな人を真っ向から拒絶、否定すればあなた自身が「横柄で鼻持ちならない人間」＝ダメな人になるだけです。

私は嫌悪感を抱いている人にも、自ら進んで挨拶と、「今日は午後から雨が降るそうですよ」とか、「貴社の○○は、評判がいいですね」というような会話はします。

それで相手が何か発言をしてくれれば、きちんと会話をお返しします。

ただし深入りはしません。

「今度、○○へ行きませんか？」「○○をご一緒しませんか？」など誘われたら、スケジュールを見るか、しばらく考えてから、

「残念ですが、その日は先約があって」

「今、資格試験の追い込みなので、仕事が終われば即、勉強しているのです」

などと、断ります。

ただしこういう策を講じるのは、何度か猶予＝誘いにのることを経てからです。

いきなりダメな人と決めつけることは、しません。

出会う人は自分にはない個性があり魅力があるのですから、師匠だと捉え付き合うのが、私のセオリーです。策を講じるのは、本当にダメな人が相手のときです。

時にダメな人を「いい人にしよう」と、行動を起こす人がいますが、人は自分で決意しない限り変わりません。

それでも「変えたい」と思うならば、爆弾を背負う覚悟がないと無理です。

時折見かける「ダメな人を何とかしたいと試みる人」は、私には優しさの押し売り、自己陶酔にしか思えません。

ダメな人が積極的に話かけてきたら、敬語で遠ざけることもしています。

友人同士で会話をしている中に、ダメな人がその一瞬に割り込んできたとしましょう。

友人「由妃さん、もうすぐ誕生日ですね」

私「そうなんですよ、60歳になるの、還暦です」

ダメな人「還暦には、見えませんよ」

すると私でしたら、

「○○様だけですよ、そんなことを言ってくださるのは」

「○○様はお優しいのですね」

「○○様はおいくつでいらっしゃるの？」

「様」を使い、丁寧に話をします。

これは私にとっては、**礼儀正しさに名を借りた防護柵をつくる作業**です。

ほかの人とは「さん」「ちゃん」づけで話をしているのに、ダメな人だけ「様」なのです。

その違和感に普通は早々に退散しますが、空気を読めないダメな人も時間がかかりますが、積極的に話しかけてくることはなくなります。

こんな手を使う私は、ずるいでしょうか？

会食でウンチクを語るのは二流の証

ここは、取引先に連れられて出かけた老舗の天ぷら屋さんです。

カウンター席に座ったあなたの目の前に、揚げたての穴子の天ぷらが運ばれてきた場面を想像してください。

20センチ以上はある一本揚げです。

衣は薄く、カリッといい色に揚がっています。

天つゆと大根おろし、レモン、他に「藻塩、抹茶塩、カレー塩」と記された小皿がおかれました。

天ぷらは、揚げたてを頂きたいもの。

「では……」

その一瞬に水を差すのが **「二流の人のウンチク」** です。

「天つゆを使うのは邪道ですよね、天ぷらは塩でなくては。この店は塩にこだわっているんですよ。レモンを搾るなんて論外。素材のうま味を殺してしまいますからね。それと、これだけ立派な穴子を扱えるのは、銀座といえどもこの店ぐらいなんです。○○さん、知っていました？」

と言った調子で語り始めるのです。

こういう話が好きな人もいますすし、料理の格をあげるために、お店の方がウンチクを語る場合もありますが、揚げたての天ぷらを前にしてプロはそんな野暮なことは言いません。

「天ぷらは揚げたてが命」

口に運ぼうとしている人や、「天つゆ派」の人にあれこれ知識を披露しても、場はしらけるだけです。

相手が語っているのに、知らん顔をして食べるわけにもいかず、おあずけ状況です。

招待を受ける立場だとしても、イライラ、納得できないでしょう。

接待をする立場ならば、お金と時間をかけたのに、相手に不快な思いを残す結果になります。

こうした場面は、会食や接待、仲間内の食事会などでもよく見かけます。

肉が嫌いな人に、「肉を食べないとパワーが出ない」。

好き嫌いの多い人に、「直さないと、仕事にならないぞ」。

魚が苦手な人に、「君の年齢で、魚が嫌いなんて珍しいな」。

自分の思想を、冗談半分でも語る人が意外なほど多いのです。

実際、肉が苦手な私は折にふれて言われます。

「肉を食べない人は、長生きできないぞ」

「高級なブランド牛ならば食べるんでしょう、セレブは違うね」と。

これはウンチクよりも、性質が悪い。いじめの様相です。


一方、察する力がある「仕事ができる人」は、料理やお酒のウンチクを語りませんし、相手の食習慣や好みも否定しません。

食べ物一つにしても、相手の考え方や行動を受け入れる、「フトコロの大きさ」があり、相手に合わせたお酒の飲み方や食べ方、「臨機応変さ」が見えるのです。

料理の好み、お酒の選び方、食べ方、飲み方、箸の使い方……人には譲れない思いがあるものです。

食習慣を押し付ける、無理に勧める。ウンチクを語る。

それが自分では正しい、常識、良いことであっても、相手には迷惑な場合もあります。

人間性を見るには、会食をするといい。

ためになる「ウンチク」もありますが、タイミングが計れずマイペースで語る人は、仕事でも我が道を行くタイプです。扱いに困る人です。

「絶望の言葉」

仕事でミスが続き、人間関係では誤解を受け、批判を浴びたり中傷のターゲットになれば、誰だって、へこみます。

心が折れ、愚痴の一つもこぼすのが普通でしょう。

愚痴や不平不満の類は他人にこぼすものではないと、私は考えていますから、誰かに訴えることはしませんが、「独り言」のようにつぶやくことはあります。

一人でいるときならば、それを耳にする人はいませんが、無意識につぶやく「絶望の独り言」が時に、他者に聞こえ心配のタネを与えてしまった。

かつては、そんな失敗もおかしました。

経営者として30年、著作家として20年を間もなく迎える私ですが、これまで順風満帆に歩んできたわけではありません。

仕事を投げ出したい、辞めたい、誰も信じられないと、人間不信に陥ったことも数えきれないほどありました。

ですから、あなたの苦しみや悲しみ、絶望も理解できます。

そして、絶望の淵に立っているときに呟く言葉で、あなたがすぐに立ち直れる人か、いつまでも失敗を引きずる人か、責任感があって自分に厳しい人か、自分本位の生き方をする人かも、ある程度わかるようになりました。


「逃げたい」とこぼした人で実際逃げた人はいませんが、「消えたい」とこぼした人で消息不明になった人はいる。


「逃げたい」という言葉は、現実回避ではなく、現状打破の想いから出るものです。

マイナスのニュアンスのようですが、そこには未来を切り開く、邁進する行動力があります。

たとえば多忙を極めると「逃げたい、何とかしてくれ」という人。

頼りにされると「逃げたい、私を自由にしてくれ」という人。

あなたの周りにもいらっしゃるでしょう。

そういう人は、「逃げたい」と言いながら、楽しさや嬉しさを滲《にじ》ませている場合が多いといえます。

ですから心配しなくて、大丈夫。本当に逃げたりはしませんから。

注意すべきは、「消えたい」という人です。


「消えたい」という言葉は、自分の存在を殺したい、できるならば、フェイドアウトしたい。

そこに行動力は見えません。

マイナスの感情に支配され、身動きができない状態です。

これまで「逃げたい」と私にこぼした人は数多おりますが、実際に逃げた人は一人もいません。

一方「消えたい」とこぼした人は、７名ほどいます。

その都度、

「あなたが消えて喜ぶ人などいない、あなたは重要な人なのよ」

そう諭しましたが、あまり効き目はありませんでした。

ビジネスの現場を去った人、会社を手放した人、失踪、蒸発……そうならざるを得ない事情はあるでしょうが、残念です。

「逃げたい」と「消えたい」は、言葉のニュアンスは似ているようですが、結果は大きく異なります。

「消えたい」という人は、要注意です。

もちろんあなた自身「消えたい」なんて、思いつめてはダメですよ。

「声が大きい人は正直」は、例外だらけ

声が大きい人は嘘がつけない。正直者だとある人は言います。

確かに声が大きければ、内緒話は難しい。

聞く耳を持とうとしなくとも、聞こえてしまいますからね。

また声の大きさから「自信に満ちている」「堂々としている」と受け取る方もいらっしゃるでしょうが、始終声が大きい人は仕事や人間関係に問題を抱えているケースが多い。

これは、数多の経営者や起業家、さまざまな職業の方と接してきた私の捉え方です。

声は本来、その時の心情や体調など現状を一瞬で示します。

元気がなくやる気もうせていれば、声は力なく小さくなるものですが、そう悟られないように意識すれば、いつもより大きな声で強い口調で話すようになります。

「そんなに大きな声を出さなくても聞こえていますから」

「何をムキになっているのですか？」

そう言いたくなるような大声は、不安や戸惑いなどマイナスの感情を打ち消そうとする心の

表れです。疑心暗鬼のときに、何事もなかったかのように、平常心で発言をするのは難しいでしょう。ですが精いっぱい、大きな声を出しその場を取り繕うのならばできるはず。

声が大きい人は正直というのは、例外だらけなのです。

自分を大きく見せようと、声のトーンを上げる人もいれば、権力や地位を誇示するために、大声をあげる人。仕事がうまくいかないうっぷんを晴らすように、部下や同僚に八つ当たりまがいの大声を出す人もいます。

声のトーンや声量を、ＴＰＯに応じて使い分けるのが、仕事ができる人です。

たとえば説得を試みる際には、はじめは穏やかに、時に声のトーンを上げたり下げたり。相手の表情や態度を窺いながら、話を進めるのが妥当です。

声を荒らげながら説得をすると、仮に「イエス」を引き出しても、それは「脅しに乗ってしまっただけ」で、後に問題が生じるのは明らかです。

声の大きさに、あなたはおびえたりダマされたりする人ではないでしょうが、世の中には声が大きければ男らしいとか、敏腕な人間だと理解する人がいますから、意図的に大声で接する人は後を絶ちません。私は、大声の人ほど小心者だと捉えています。

このセオリーのほうが真実を捉えていると思いますが、いかがでしょうか？

年中「マスク」が手放せない人

時が変われば、常識も変わるものですね。

私が幼少期には風邪をひいたときぐらいしかマスクをかけなかったのに、周りをながめてみると、みんなが平然とマスクをしている。

最近驚いたのが、マスクをしたまま会話をしているビジネスパーソン。

それで聞き取れるのだろうか？

2人とも風邪をひいているのか？

余計なお世話でしょうが、2人のことが心配になってきたのです。

先日、区役所で職員がマスクをしたまま応対している姿を見ました。

またバスの運転手が、マスクをしたままアナウンスする姿も見ました。

マスクの進化もあるでしょうから、会話に問題は生じないという向きもありますが、昨今のマスクをつけていて当然という態度は、おかしいのではないでしょうか？

アレルギーや病気ならマスクするのは、当然でしょう。

しかし、初対面の挨拶でマスクをしたまま……という人に先日出会って唖然です。

私は拒絶されているようで、不快感を覚えました。


いつ見ても、常にマスクをしている人がいます。

私の目には、コンプレックスを隠そうとしているとしか思えないのです。

素顔隠しにマスクを使う人や、テレビのＣＭでご存じの方もいらっしゃるでしょうが、マスクをつけると、年齢が出やすい口元やほうれい線が隠れ、いくぶん若くは見える。

それもあるのでしょうか？

マスク派は増える一方な気がするのです。

人の生き方、趣味や嗜好をとやかくいうつもりはありませんが、商談の席や初対面でマスクをつけたままでは「私はあなたに心を開きません」「あなたには関心がありません」と、宣戦布告をしているようです。

理由あってのマスク姿は、わかります。

しかし意味もなく「マスクが手放せない」のならば、あなたには何らかのコンプレックスがある。それを他人は一瞬で見破っていると捉えたほうがいいでしょう。

「贈り物」から人格を見抜く

「プレゼントは人間関係を円滑にするうえで大切だが、選び方を間違えば『毒』にもなる」

経営者に就いて間もない35歳のころ、ある方から教えていただきました。

当時の私は、経営者として経験が浅く付き合いも狭かったですから、プレゼントといえば「お中元」や「お歳暮」、儀礼的な贈り物しか頭に浮かびません。

ですから、彼の言葉が意味するのは「つけとどけ」や「袖の下」であって、私には無縁の話だと捉えていました。

そんな矢先、講演会で知り合った経営者から、絵画が会社に贈られてきました。

当時、彼はマスコミにたびたび登場する注目株で、憧れる若手経営者も多かったのですが、業務の実態はわかりにくい。

ですから私は違和感を覚えていました。

そんなところに「絵画」です。しかも作者は誰もが知る画壇の最高峰に君臨する方。

これは何かある、企てに巻き込まれたら厄介だ。

「こんな高価なお品を頂く理由がわかりません、お気持ちだけ頂きます」

そう手紙を添えて、送り返しました。

すると「高級品？　たいしたものじゃない、親愛の証だ」「手放すと後悔するよ」等々。

理不尽で無礼なメールや電話が続きました。


後にわかったのですが、彼は高価なプレゼントで関心を向けさせ相手が気を許すと、投資話を持ち出してお金を集めていたのです。


お金持ちだから気前がいいから「高価」なものを贈る、注目してもらいたいから「趣味の品」を贈る、などです。

人は時として思い込みによる勘違い行動をするものですが、それが相手にとってどれほど負担になるのか。

送り返す機会を逸してしまえばそのものを見るたびに、不快感や疑念を思い返してしまうということを知るべきでしょう。


一方、花束や銘菓、銘酒などの「消えもの」ならば形が残りませんから、妙な疑念も残りません。

この考え方は、食事に誘う際にも活かしましょう。

ポイントも、「高級店」を避けるということ。

「苦手なものはありませんか？」と、相手の好みを尋ねる。

何よりも「あなたと食事がしたかったのです」というひと言を、忘れないことです。

お酒や美味しい食べ物の力で、気持ちがほぐれ会話が弾み親交が深まっていく。

舌の記憶が呼び水になって、楽しい時間を共有した思い出は色あせることはありません。

消えものは姿をなくすが、美味しい思い出はなくならない。

贈り物の意味も含めて、見直してみましょう。

「寂しがりやのモンスター」

先日、自宅がある熱海市内を走る路線バスに乗車していた時のことです。

近くに住む女性が、後部から私が座っていた前方席の前に移動。

座るや否や振り返り顔を寄せ、「ねえ、こんなところで何だけど……」と意味深な声で話しかけてきました。

私は急に振り返り顔をのぞかせた行動と「こんなところで何だけど……」という意味深な発言に驚き、読んでいた本を落としてしまったのです。

「不測の事態でもあったのだろうか？」

「私……この人に何かしたかしら？」

不可解な言動に首をかしげました。

「実はね……今度庭木の剪定をするの、一応伝えておこうかと思って」

（はっ？　なんで。今ここで話すことだろうか？）

好意的に考えれば「庭木の剪定をするときに音がするかもしれないから、その旨を伝えておこうと考えた」という解釈になるでしょうが、坂道が多く安全を担保するために、走行中、席の移動を注意したい熱海の路線バスです。

しかも私は読書に耽《ふけ》っていたのですから、走行中に席を移動して、前触れなく話しかけてくるのは納得がいきません。

それでも「騒音を立てる可能性が高い」とか、「明日の出来事だから、今しか伝える機会がない」ならば理解もできますが、彼女が持ち出した話は伝える必要などないことです。


顔見知りですから挨拶はしますし、悪印象を抱いていたわけでもありませんが、この人は「厄介だ」と確信しました。

それは、伝えたいことだけ伝えたら、私の反応や答えを確認しないで、また元の席に戻っていったことから感じたのです。


自分のペースで場をわきまえず話しかけてくるのは、人恋しくてならない寂しがりや。

それなのに相手への敬意を払うことができず、人間関係が構築できない人です。

実際、その後も不機嫌で挨拶もろくにしない日があると思えば、笑顔で近づいてきて、私の仕事やファッションなど詮索してくるのです。

「そんなにヒールが高い靴だと骨折するわよ」

「そんなにおしゃれして、デートかしら」

「いいわね、華やかで……」

いちいち答えるのも時間の無駄、余計なお世話です。

私は会釈をしますが、それ以上関わらないで、その場を去るようにしています。

本当に腹立たしいのですが、冷静に考えると、これまで彼女の言動をたしなめる人がいなかった。希薄でその場限りの付き合いの中で、彼女は生きてきたのではないでしょうか？

だから思いつくままを声にする。伝えたいことは自分のペースで伝える。相手の声に耳を傾けようとしない……。

「寂しがりやのモンスター」が出来上がってしまったのではないか、と思うのです。

こういうタイプの人をまともにしようと考えるほど、私はお節介ではありませんから、静観をしています。

あなたの周囲に、こんな人がいないことをひたすら祈っております。

ワンセンテンスが長い話をする人

「私の夢は一流のアーティストとして認められる○○主催の大会で最高賞を受賞して、新聞の一面を飾るような存在になり、取材が殺到して何度断っても『ぜひお願いします』と懇願され、無下に断るのも悪いですから、スケジュールを調整して受け、それがまた知名度のアップにつながってテレビのレギュラーが決まったりラジオで自分の番組が始まったり、仕事が殺到して翌年の大会でも最高賞を受賞して『連覇の偉業』を成し遂げることですが、夢は夢のままに終わらせないのが、私のポリシーですから絶対に実現させますので、皆さん見ていて欲しいのですが……」

文章にすると、大げさに映るかもしれませんが、「……ですから」、「……ですが」、「……たり」、「……というわけで」といった接続詞を随所にちりばめて、延々と会話をする人は数多いらっしゃいます。

あなたにも覚えがあるのではありませんか?

そのようにしゃべると、やたらに長い「意味不明」な会話になってしまいます。たとえ正しいことや立派な志を語ったとしても、いいわけが延々と続くように思われ、聞く耳が持てません。

聞き心地が悪いだけでなく、話がどこへ行くのか見当がつきません。

「いつまで話すのか？」

「もうやめて欲しい！　やめろよ……」

イライラがつのり、疲労困憊。

私だったら、**「あの人、思考回路がマヒしている、考える力がない」**と受け取ります。

そういう人は「空気を読まない」「付き合いたくない」「扱いにくい人」というようなレッテルを張られ、昇給、昇進、成功への道も閉ざされます。

自己ＰＲに躍起な人やキーマンに気に入られたいと必死な人は、ワンセンテンスが長い話をする傾向がありますから、注意したほうがいいでしょう。

相手に質問をしているうちに、「あれ？　何を尋ねたかったのかわからなくなってきた」という人。

延々と続く意味不明な話の展開に、「要は、○○ということですね」と、制止される人。

「個人的な見解ですか、事実ですか？」と、確認をされる人が本当に多いのです。

こうした事態を防ぐためには、「ワンセンテンスは30文字以内にする」とか、「一発言は30秒以内に収める」など、ルールを決めて会話をするといいでしょう。

何も考えなければ、3秒で言えることも3分かかります。

話が長いということは、成長や成功といったあなたの将来の可能性を閉ざすだけでなく、時間という「財産」を相手から無理やり奪いとることだと理解しましょう。

「ワンセンテンスが長い人」「しゃべり過ぎる人」に、賢い人は探せません。

逆を言えば、「ワンセンテンスが長い、おしゃべりな人」は、バカだと思われ嫌われるのです。

難しい言葉を多用する人の深層心理

友人に、難解なビジネス用語や業界用語、四字熟語を多用する人がいます。

「そんなことを言ってもわからないから、かみ砕いて伝えたほうがいい」

そうアドバイスをすると、一時は直るのですが、すぐに元に戻る。

親しい人は「また始まったよ、知的気取り」と苦笑していますが、自分が知らないビジネス用語や業界用語を、「それはどういう意味ですか？」とたずねる人は、まずいません。

そうすることは、「自分はモノを知らない」「恥ずかしい」という意図が働くからです。

もし難解なビジネス用語や業界用語、四字熟語を多用する人と、一緒に仕事をすることにでもなれば、「指示や連絡、相談」など仕事を進めるうえで大切な要素が、円滑に働かない可能性もあります。

意味不明な言葉に翻弄され、何かと面倒です。

なぜこういう発言をする人が生まれるのでしょうか？

それは、難しいビジネス用語や業界用語などを駆使する人に、「仕事ができそうな人」「有能そうな人」という印象を抱く方が多いからです。

「言っていることは、よくわからないけれど……なんだか、すごい人」というのが、人間の心理。

実はこんなふうに思ってもらうことが、難解な言葉を多用する人の狙いなのです。

能力以上に自分を賢く見せたい。実際のポスト以上に偉そうに見せたい。

彼らは「人よりも上の立場でいたい」というプライドが高い反面、自らの能力にコンプレックスを抱いているケースが多いと言えます。

それを隠すために、わざと難しい言葉を選んで使っているとも言えるのです。

なかには、本当に能力がある人が、自分の指示をより明確に通すために、難解な言葉を使うこともあります。

そんなときには、話の内容に注目してください。

いくらでも簡単に表現できることなのに、難解な用語を使っていたら、仕事ができる人ではないでしょう。

難解な用語を使いたがるのは、心を守る防衛本能の一つだと言われています。

どう頑張っても叶えられない欲求を、心の中に抱え続けることは難しい。

するとと人は、その欲求を難解な言葉で説明しようとするのです。

そうすることで、「欲求が満たされない現状を説明できた気持ちになる」と言われています。

確かに、先の友人はデリケートでちょっとしたことでめげる。

励ますと「余計なことはしなくていい」という様子で、取り扱い注意なタイプです。

難しい言葉を多用する人は、さまざまな事柄から、自分の心を守ろうと必死になっている人。

そう考えると大きな仕事を任せるのは危険ですね。

自分が可愛いのですから、挑戦や冒険を避けるでしょう。

彼らは無難なことしか、できない弱い人とも言えます。

第3章　あなたも見抜かれている！

お茶一杯で好かれる人、嫌われる人

たったひと文字で、好かれる人もいれば、嫌われる人もいます。

「そんな馬鹿なことがあるものか？」

「ひと言ならばイメージできるが、ひと文字で好き嫌いが分かれるなんて納得できない」

そう思う方もいらっしゃるでしょうが、これは紛れもない事実です。

これからお話しさせていただくシチュエーションで、あなたが当事者になったつもりで読んでください。

あなたの会社に、取引先の営業マンが訪ねてきました。

挨拶を交わし、あなたが質問をしました。

「コーヒーとお茶、どちらがいいですか？」

喉を潤すための心遣いです。

そして営業マンは、「お茶でいいです」と答えました。

よくある光景ですよね。なんの問題もないように思えます。

では、「お茶がいいです」と、返答があったらどうでしょうか？

「お茶でいいです」よりも、「選択肢を作って下さってありがとうございます、それでは、お言葉に甘えて、お茶をお願いします」というように、気遣いに対して感謝をしていることが、伝わってくるのではありませんか。

「で」と「が」、ひと文字の違いですが、あなたが受ける印象は変わってくるはずです。

では、

「お茶でもいいです」と相手が答えたとしたら、あなたはどう受け取るでしょう。

「お茶でもいいって、どういうこと？」

投げやりな返答のように捉え、極端な話、「水でもお茶でも適当に出せばいい」と、選択肢を与えたことを後悔するかもしれません。


そこまで神経質にならなくともいいと、思う向きもあるでしょう。

しかし人は親しくなると、どうしても馴れ合いになりがちです。

仕事でのやりとりでも、

「○○で、いいんじゃないですか」

「○○でも、いいですよ」

というような発言が飛び出します。

こうした類の言葉は協調しているようですが、「考えていない」イメージを与えかねません。

人間関係を大切にしている人や仕事ができる人は、こうした返答を見逃さないもの。

ひと文字のミスで、たちまちレッドカードを与えるでしょう。

一方、「○○がいいです」と言えば、きちんと考えて発言している。

相手の話をしっかり聴き判断をしていると、受け取ってもらえます。


何気ない会話の「助詞」に着目しましょう。


会話の内容や外見には誰しも気を遣いますが、「助詞」、それも「ひと文字」には鈍感な人は多いのです。

しかし、聴く側に立てば「たったひと文字」が、癇《かん》に障り嫌悪感を抱くこともあると気づきます。

「たかがひと文字、されどひと文字」

ひと文字で、あなたはジャッジされていると、心したほうがいいでしょう。

忙しい人は楽しそうに仕事をする

「仕事は忙しい人に頼め」と俗に言います。

人気があるから仕事が殺到する、成果が上がる確率が高いと読む人が多いから、忙しい人は余計に忙しくなる。だからといって、仕事の質が落ちることはない。

忙しい人は、仕事の質はもちろんですが、納期や待ち合わせなど時間に対しての決め事に特に厳しい。その姿勢がまた評価を受けて仕事が集まる。

忙しい人の仕事が途切れることは、ありません。

さらにいえば、それを楽しそうにこなすのが、忙しい人の特徴です。

しかし世の中には「忙しがりや」も、多い。

聞いてもいないのに、

「いやあ～参ったよ、３つもプロジェクトが決まって」

「常務がどうしても、私に任せたいと推したんだ」

「休みなしで働くか……、ブラック企業だな」

なんて、問題発言も飛び出す。

さらに腕まくりをしたり、「忙しくなるぞ」なんて宣言もする。

こういう言動をする人は、

「仕事は忙しい人に頼めというでしょう、だから私に仕事を回すのが筋です」

「もっと関心を示してください」

と、アピールしている「忙しがりや」にしかすぎません。


本当に忙しい人は、余計な口を開いている間があるのならば、仕事をします。

黙々と淡々と仕事をこなし、締め切りよりも前に納めることも多いのです。

その様に感動してまた仕事が舞い込む……。

これが「仕事は忙しい人に頼め」という、本当の意味でしょう。

約束を守るのは当たり前ですが、世の中にはとってつけた言い訳をしながら「約束を破る人」が後を絶ちませんから、当たり前のことを遂行するだけでできる人と思われる。

これほど簡単でわかりやすいセオリーは、ありません。

あなたが、ただの忙しがりやで終わるのか、人気を集める忙しい人になるかは、紙一重。

まずは本当に忙しい人のまねをして、楽しそうに溌剌《はつらつ》と仕事をすればいい。

口を開く前に、手を動かし頭を働かせればいいのです。
半年もすれば「忙しがりや」から「信頼を集める忙しい人」に成長できます。
その過程を見破れる人は、まずいませんから、安心してマネをしてくださいね。

単純作業に潜む真理

どんな分野の仕事でも、単純作業を積み重ねて成果を上げていくものですが、毎日、代わり映えのしないつまらない作業を淡々と確実に持続できる人は、どれだけいるでしょうか？

それも喜んで行っている人となると、皆無に等しいかもしれません。


かつて師と仰ぐ経営者から言われたことが、私に大きな影響を与えました。

「コピー取りも、お茶くみも真剣勝負でやりなさい」

「単純作業ほど知恵を絞り、工夫をしなさい」

教えてくれたのは、基礎作りが大切だということ。

どんな作業でも意味があり、それを考えながら行いなさいということでした。

教えを受けて、仕事でも人付き合いでも、家事であっても、

「この作業は何のためにやるのか？　誰のためにやるのか？」

根拠を考えながら、行動するようになりました。

すると、つまらない単純作業でも誰かの何かに役立っている。

喜んでいる姿が、見えてきます。

すごいことを私は行っていると、思えるようになりました。

すると、つまらない単純作業と決めつけてきたことが恥ずかしくて……。

いかに楽しく行うかまで、考えるようになったのです。

たとえば、今日1時間かかった作業を、明日は45分で終えると決めます。

そのためには、何が必要かを徹底的に考えるのです。

そして翌日、知恵を絞った策で実践。45分で終われば、自分をほめました。

もちろん、効率だけを追い求め「根拠」を忘れては、自己満足に終わりますから、気を配り、時間や手順を確認しながらさまざまな策を単純作業に取り入れていきました。

それは楽しい、ビジネスパーソンとして私の基礎をつくってくれた時間でした。


自分の経験から言えることですが、「根拠」をもって仕事をしている人と促されるまま仕事をしている人とは、成果が各段に違ってきます。

それが**顕著に表れるのが「つまらない単純作業」**なのです。

試しにそれを行っている部下や同僚、仕事仲間にたずねてみてください。

「それは何のため？」と。

そう聞かれても明確な答えが出ない人は、漫然とした行動をした結果、ミスにつながっていることが多く、その失敗を糧にすることなく、次も同様のミスをすることが多いといえます。

根拠がない仕事はありません。

その根拠も「こんなものではないか？」ではダメです。

自分なりに考え抜いて出た根拠を満足させるためには、何をしたらいいのか？

「つまらない単純作業」は、誰にでもできるとバカにする人もいますが、とんでもない。

そこには、仕事ができる人とその他大勢で終わる人を分ける真理があるのです。

食事のマナーでジャッジされる！

食事を共にすることは、お互いをより深く知るチャンスです。

美味、美酒に誘われて普段は口が堅い人も、「ここだけの話」をしてくれる。警戒心が解け、あなたに関心を示してくれる可能性が高まります。

しかし、相手が誰であれ、マナー違反で幻滅を味わわせてしまったら、心が離れビジネスチャンスを逃すかもしれません。

ここでは、これまで会食の場で目にしてきた「残念な人」の例を挙げます。正しいと思って自信をもって行っている、よく見かける行動をご紹介します。

(1) ナプキンを丁寧にたたむ「できる男風な方」「いい女を気取る方」

レストランで会食が終わると、使ったナプキンを丁寧にたたむ人がいます。

それが礼儀だと思っている人が多いのに、驚かされます。

知性と教養を兼ね備えた「できる男風な方」や「いい女を気取る方」がこれをなさったら、食事のマナーに詳しい取引先や上司は唖然。

「この人、頭の中身は薄いのかもしれない」と、評価を下げてしまいかねません。

接待は、商談が目的。相手はあなたが、付き合うのにふさわしい相手かどうかを、さまざまな観点から見ています。

会話に気を配ると同じぐらいマナーも心得たいものですね。

実は、使用済みのナプキンをきちんと折りたたんでしまうと「お店や料理に不満があった」という意味になってしまうのです。

ふわりと軽く折る程度で、テーブルの上に置いて帰るのがマナーです。

（2）逆さ箸や迷い箸で「場をしらけさせる人」

気軽な会食の場で、大皿料理や鍋などを囲むときに目にする「逆さ箸」ですが、これはマナー違反の最たるものです。

自分の手が触れた部分で、料理をつかむことになるだけでなく箸の両側を汚し不衛生。

また箸を手に「あれにしようか、これにしようか」の「迷い箸」も、不快なものです。

「箸づかい」は幼少期の両親の教育によるところが大きいという人もいますが、直そうとすればすぐに改善できます。

仕事ができても、こうした所作ができていないと「品格」を疑われますので、心当たりのある方は、早目に直しましょう。

(3) ワイングラスで勢いよく乾杯する「陽気な人」

結婚式やパーティーで、ワインやシャンパンで乾杯するとき、いつものクセでグラスを合わせて「乾杯！」。

音を立てる人は本当に多いものです。

グラスを合わせたくなる気持ちはわかりますが、名だたるレストランで使われている、シャンパングラスやワイングラスは高価で繊細なもの。

陽気に「乾杯！」では、カチャン。

実際、高級なワイングラスにヒビを入れた場を私は目にしたことがあります。

音を立てるほどの勢いで乾杯するのは、陽気ではなく下品に見えます。

グラスを胸の高さに持ち上げて微笑みながら、乾杯の意を表す。

「とりあえずビール」というような乾杯でも「音を立てるほどしない」方が、品格ある人だと見えます。

移動中に「スマホで漫画を読む人」vs.「目的意識をもって読書をする人」

講演や打ち合わせなどで、新幹線での移動が多い私ですが、最近気になるのが「スマホで漫画を読んでいるビジネスパーソン」です。

パリッとした身なりをして、ビジネスバッグや靴も手抜きなし。

早朝の新幹線ですと、明らかに商談や打ち合わせに向かうと推測できるビジネスパーソンが、スマホやタブレットで、調べものをしているのかと思えば「漫画」を読んでいるのです。

「漫画」を読むのが悪いというのでは、ありません。

厳しい商談を前にして「リラックス」を求めているのかもしれませんが、笑い声やひざを叩き「ウケる！」などと耳にすると、

「この人は、遊びに出かけるのではないか？」

そう疑いたくもなります。

一人ならば時間つぶしなのかと、理解もできますが……。

上司と思われる人が隣に座り同じように「漫画」に没頭している姿を見つけると、「仕事の

成果は望めないのではないのか？」と勝手な想像をしてしまいます。

仕事が目的の新幹線や飛行機の移動時間には、これから向かうお得意様や会合などに備え、資料に目を通したりプレゼンテーションのシミュレーションを行う。上司が同行するならば、確認する事柄もあるでしょう。

それらが充分にできているのならば、移動時間は休養にあてたり、知識や知恵を蓄えるために「読書」をするのが、賢い選択ではないでしょうか。

ビジネスパーソンとして成長したい、成功したいと考えるのならば、人を魅了させたり納得させるための「言葉」が必要になってきます。

自分が編み出したノウハウや考え方を人に伝えようとしても、「言葉」を知らなければ的確に伝えることができません。

業界や業種の情報を読書で学ぶのも必要ですが、偉人や先人が遺した言葉は経験に培われたものですから、的を射ていて、わかりやすく人の心をつかみます。

管理職の方はもちろん新入社員であっても、それらを読書し折に触れ声にすることで、発言に説得力が増していくのは、間違いありません。

ただし漠然と読書するのでは意味がないのです。

他業界や他業種の方の言葉に心惹かれたならば、「自分の仕事だったらどうなるのか?」「その言葉は当てはまるのか?」と、考えながら読書することをおすすめします。

「難しいことを難しい言葉で説明するのはやさしいが、難しいことを簡単な言葉で説明するのは難しい」

かつて読んだビジネス書の中に、こんな一節がありました。

私はこの言葉の冒頭に「著作では」と入れ、声にしました。

「著作では、難しいことを難しい言葉で説明するのはやさしいが、難しいことを簡単な言葉で説明するのは難しい」

まさに真理なのです。

こうした気づきがあるから、読書は楽しい。

専門分野に限らず、小説や政治、経済、趣味実用、音楽、哲学などジャンルにとらわれずさまざまな本を読み漁ることで、人は成長するのだと確信しています。

敬語の使い方やビジネスマナーができていないと、若手社員を叱るあなたは、的確な言葉でその想いを伝えていますか?

「読書をして学べ」とだけ言うあなた。

それでは、相手は面倒くさいと、スルーするでしょう。

通読だけで満足しているあなたは、もったいないですよ。

「自分の仕事だったらどうなるのか？」

「その言葉は当てはまるのか？」

本に突っ込みを入れるように、目的意識を抱きながら読みましょう。

そういう習慣が新たな知識の獲得や知恵の蓄積になって、その専門分野を極められるようになっていく。

人を見抜く力にも役立つのです。

動きたがる管理職はポンコツである～私の失敗～

管理職の仕事は、経済状況や社会情勢、同業他社の動きなどを考えながらビジネス戦略を決めることです。管理職には、商品やサービスの質にこだわる「技術研究者タイプ」もいれば、数字をあげるためにユニークな作戦をとる「冒険者タイプ」、会社のイメージを継承する「伝統派」など、さまざまです。

ひとつ言えるのは**「動きたがる管理職はポンコツ」**ということです。

自戒を込めて申し上げますが、管理職という生き物は、自分の戦略が功を奏した感覚が忘れられず、管理する立場を棚上げにして現場に参加したいという気持ちが働くものです。

そこに気をつけないと、自己顕示欲や思いつきで、動きたがる。

率先して行動するといえば「カッコいい」ですが、部下は面食らいチームの和が乱れる。

そうして始まった戦略は、成功率が低いという結果に終わるのです。

管理職に意見ができる部下など皆無に等しいですから、やがて好き勝手に動く管理職に呆れる部下という構図が出来上がり、緊張感のない職場になります。

「私がいないと仕事にならない」

「部下は私を頼りにしている」

と公言する管理職も多いですが、言葉通りではない場合も多いでしょう。

動きたがる管理職に部下は翻弄されている。

管理職には逆らえないから、その行動を放置している。

部下の成長を管理職が阻害して、会社に閉塞感を生じさせている。

動きたがる管理職のせいで、会社の存亡が危ういものになる。


私も、「動きたがる管理職」でしたから、部下の能力を伸ばすことよりも自己欲求を満たすことに走っていました。自ら動いたほうが速い、商談はまとまると、彼らの能力を重用しないで、やる気を失わせていました。

大切なのは「管理職は動くと見せかけて動かず、部下に考えさせ行動を促す」。

いい意味で部下を混乱させることです。

数多のポンコツ管理職を見てきた、私自身「ポンコツ管理職」だった経験から言えることです。

プロフェッショナルの証明

「プロとして恥ずかしい」という発言は、ビジネスの場でよく耳にします。

技術が未熟な者や失敗をおかした部下などに、厳しく言うトップもいますね。

しかし「プロとは何か？」を教えずに、紋切型でたしなめても、改善は見られないでしょう。

プロとは、その道に精通しているというだけでは足りない。

当たり前のことを自然にできるのが、プロです。

プロであれば、誰もができることはきっちりでき、難しい提案でもいとも簡単にこなしてしまうもの。

しかし失敗をしない完全無欠の「プロ」はいません。

ちょっとした気のゆるみや外圧に負けて、単純なミスが時におこります。

そんなときの様子を見れば、その人がプロであるかどうかが明確にわかります。

「こんな単純なミスをするなんて、情けない、恥ずかしい」

「お客様に顔向けができない」などと感じている様子ならば、ミスを糧として、成長していく可能性があります。

しかし、

「ミスがない人間なんていないのだから、仕方がない」

「うまくいかないこともあるさ……次に成果を出せばいいじゃないか」

などと、ミスに動じない様子ならば、成長していく可能性は低いでしょう。

プロであるならば、ミスをおかしたことを恥じ、そうなった原因を分析して改善策を見つけ、失敗をおかさないように学ぶものです。

「プロとして恥ずかしい」という意識がある人は「うまくいかないこともある」とか「仕方がない」とは、思わない。現状に満足などしないのです。

それは「プロとしてのプライド」だとも言えます。

恥を知る人だけが、自分を高め続けられるのです。

営業マンは営業のプロですし、販売員は販売のプロ、サービス業のプロもいれば、総務のプロもいる。金融や経済のプロ、主婦ならば主婦のプロであるべきです。

著作の仕事をさせていただいている私は「著作業のプロ」として、「締め切りを厳守する」「読者様の目線を忘れない」「常に新鮮な情報を提案する」ことを、肝に銘じています。

それができなければ「プロとして恥ずかしい」、プロ失格です。

何十万部売れたとか、テレビで書籍を取り上げてもらったなど、素晴らしい成果を上げたように見えても、その過程で原稿の締め切りを守らず編集者や版元さんを慌てさせたり、自分本位の論調で説いたり、かつて成果を上げた書籍のテーマにしがみつき、マンネリ化に危機感を覚えなかったり……。そういう人はプロではないと、私は捉えています。


それぞれの仕事の現場でミスが生じたとき、「プロとして恥ずかしい」と思える人が成長、成功していくのです。

失敗や難題に直面したとき「まあいいか」「何とかなるさ」なんて、思うのは**プラス思考ではなく、脳天気なだけ**です。

あなたは失敗をしたとき、「プロとして恥ずかしい」と、考えられますか？

そしてあなたの部下や仕事仲間は、どうでしょうか？

「恥を知る人」は成長し、「恥を知らない人」は落ちぶれていく。

「恥を知る」ことは「プロ意識の表れ」なのです。

あなたはしっかり拍手できる人ですか？

パーティーでの祝辞や会議の場での解説、大勢を前にしての自己紹介、カラオケ……そうした場で、拍手をいい加減にする人がいます。

人目もありますから、彼らがまったく拍手をしないわけではありません。

儀礼的に周囲に同調するように、条件反射で「パチパチ」とはする。

しかしそこには、相手への敬意や思いやり、感謝など、心は見えないのです。

なぜ、そうなってしまうのでしょうか？

相手が嫌いだとか憎いとかで、拍手に心がこもらないのではありません。

拍手をいい加減にする人は、自分がほめられたり認められた経験が今まで少なかったのです。

現実には、ほめられ認められているのに、気づいていないとも言えます。

「ほめ言葉」が人間関係を豊かにすることは周知の事実ですが、ほめることにもほめられることにも慣れていない。

ビジネスの場では、「ほめる」ことは相手が上で自分が下。

格差をつける気がして、相手の魅力や長所に気づいても、そ知らぬふりをする風潮もあるといえます。

あなたは、素晴らしいと思えた話や情報、素敵だと感じた魅力や能力をもつ人に、心から拍手を送っていますか？

少しでも疑いを抱いているのならば、まず自分に拍手を送りましょう。

儀礼的でも他人に拍手することはありますが、自分に拍手する機会は、まずないでしょう。ですから、不可思議な行動だと感じる方もいらっしゃるでしょうね。

しかし自分で自分に拍手すること。

ほめたたえるのは、おかしい行動ではありません。

あなたの努力や苦労は、あなたが一番よく知っているのですから、自分に向けて拍手を送るのは当然のことなのです。

「由妃さん、辛抱したね。やっと報われたね」

そう自分をほめながら、拍手をすればいいのです。

声だけでほめるよりも、「ぱちぱち、ぱちぱち」という拍手の音を聞けば、ほめられた印象は倍増します。

「そんな恥ずかしいことはできない」

「馬鹿げている」

そう思う向きもわかりますが、トライしてみてください。

ほめる、拍手する、笑顔になる……やる気がみなぎり拍手の意味を知るでしょう。

心から相手に拍手ができないあなたに足りないのは、自分に拍手をする習慣です。

誰も声をかけてくれなくてもいい。小さな成長の証、手ごたえ、何かをやり遂げたときには、自分に拍手を送りましょう。

すると、他者へも敬意や思いやり、感謝などの念を込めて拍手ができるようになります。

食わず嫌いは損をする

第一印象で判断しない、相性が悪いと感じても、とりあえず受け入れる。

苦手と感じるときこそ、アタックする。

すると、好きになるのです、案外。

これは、人間関係を示したものではありません。

食べ物の話です。


招かれた酒席で出された料理の感想を聞かれて、まずいときでも「まずい」とは言わないでしょう。

「素材が生きていますね」「いいお味です」とお茶を濁しますよね。

しかし苦手な食べ物が出されたら、顔に出るかそれとなくよける。

「好物です」とは言えませんよね。

でも地位や職責が高くなるほど、酒席の機会は増えるもの。

苦手な食べ物が出たら常に、「よける」では、能がありません。

ましてや相手の郷土の料理やお酒など、思い入れのあるものが苦手という様子を見せたら、気分を害することもありえます。

ですから少しでも好きになるように、難しいプロジェクトや試練を強いられる仕事に立ち向かうかのように、挑戦するのが一流を目指す人の振る舞いです。

実は私は肉が嫌い。鶏に至っては見るのも食べるのも苦手で、小鳥を飼っているお宅は、お邪魔する前に察してしまうほど、ダメなのです。

しかしかつて出演していた、「マネーの虎」（日本テレビ系で放送）で、当時は北海道では有名ですがあまり知られていなかった「スープカレー」の店を東京に進出させたいという挑戦者をジャッジすることになりました。

当然、試食をする場面が求められます。

カレーに肉はつきものですよね。それはそっとよければいい。食べたふりもできる……と踏んでいたのですが、まさか、あのもっとも苦手な食べ物がドーンと構えていようとは思わなかった。

テーブルに置かれたのは、鶏手羽が丸ごと一本、主張している「チキンスープカレー」でした。見るだけで震えてきましたが、悟られないように撮影が進みました。

その時、「臼井社長、鶏をもってガブリ……お願いします」。

現場から、要望がありました。

「無理、無理、絶対に無理……」

でも求められたことには誠実に応えることをモットーにしていた自分を否定することはできないですから、凍りついた笑顔で、鶏を持ち上げ食らいつくシーンを撮りました。


正直、収録終了の声がかかるまでの記憶はありません。

苦手ならばそう伝えるべきだったかもしれませんが、いい大人が「鶏が苦手、怖い」なんて恥ずかしいでしょう。

今もって「苦手な肉を平気で食べられる」までには至りませんが、あの時の私は、難題の仕事に挑むように燃えたから、ガブリ……ができたのです。


「そこまで一生懸命になるほどでもないのに」

そう思う方もいらっしゃるでしょう。

でも一つ一つの仕事を積み上げてきたから現在の自分がある、という意識を強くもつのならば、苦手な食べ物一つも疎かにできないのです。

アレルギーや宗教上の問題で、食せないものはある。それを破ることができないのはわかります。

ただ思い込みや幼少期のトラウマなどで、食べられないというものもあるのではないでしょうか？

食べ物の好き嫌いが多い人は、わがままだと思われがちです。

そんなことで、評価を下げたくないですよね。

少なくとも、食わず嫌いは、慎みましょう。

食わず嫌いは、扱いにくい人。

そう思われても仕方がありません。

注意や批判を受け入れられる人は本物

ビジネスで何らかの成果が上がり、人から「素晴らしいご活躍ですね」などと言われるようになると、たいていの人は安堵し、ときに、天狗になるものです。

すると独りよがりの言動が生まれ、組織に害を与えますし、慢心が長じれば現状に満足して向上心や挑戦心を失くしてしまうことにもなります。


人は簡単に初心を忘れ、簡単に調子にのる。

素直で真面目で謙虚な人も、天狗に変身するのです。

そうしたときに、

「感謝や尊敬の念が欠けている」

「○○はダメだ」

と、教えてくれる人がいたら注意深く聞いて欲しい。

そして言動や態度、仕事への姿勢を改めて欲しいのです。

しかし、

「ぜんぜん直っていない」

「このままでは、○○さんに追い抜かれるぞ」

「きちんと私の話を聞いているのか？」

「頭が悪いのか、君は」

などと、注意や批判を受け続けたら……。

「こき下ろして、何が面白いのか」

「ダメ出しする権利があなたに、あるの？」

と、怒りがこみあげてくる人が、多いのではありませんか？


でもそれは、愛ある注意であり批判です。

「ここまで成功したのだから安心、安泰」などという、勘違いをあなたにさせないように、あえて言ってくれているのです。

嫌われ反発されかねない言いにくいことを、教えてくれるのはあなたの才能にほれ込んでいる。潜在能力を引き出そうとしている。あなたが大きく成長すると見込んでいるからです。

「私はこんなにすごいんだ」と錯覚して、周りの人の支えの上に自分の成果が成り立っていることを忘れてしまうと、あなたは未開拓の能力を残して終わる。

もっと大きく花開くはずの仕事人生が、しぼんでしまいます。


注意や批判を受け続けるのは、誰だって好まない。

かつて何度もダメ出しをする「編集者」を、相性が悪いと嫌悪したことがある私ですが、渋々でも注意や批判に耳を傾けながら仕事をしているうちに、その真意がわかりました。

私の力なんて微々たるものなのに「ベストセラー」が出たことで、慢心が現れそうになっていた心を戒めて、もっと質が高いレベルに導いてくれたのです。


本物のプロになるのは、注意や批判を受け続ける人。

それをきちんと聴いて、改善する人。

変わることを恐れない人です。

間違った謙虚さ

謙虚であることが謙遜することだと捉えている人が多いのではありませんか？

また、「謙虚」にゴマをするような印象を抱いている人や、無意識にですが自分を低く評価するのも、「謙虚」だと捉えていらっしゃる方もいませんか？


「謙虚は美徳」「日本人は謙虚」

そう一般的に言われることもあり、謙虚を高尚なことだと必要以上に意識し、間違った謙虚さで相手を不快にさせている人もいます。


「最近のご活躍をまぶしく拝見しています」と、ほめられたとしましょう。

それに対して「私なんて、たいしたことないです」と返答したら、心からたたえた相手は、どう思うでしょうか？

「お世辞だと受け取ったのだろうか？　そんな物言いをしたつもりはないが……」

と、不安になったり、

「素直に受け止めたらいいのに、かわいくない」

そんな思いを抱く人もいるでしょう。

ほめられたときにそれを受け止めないことが、謙虚だと思っている人が本当に多いのです。

こうした言動すべてが悪いわけではありません。

仕事に集中しているのは明らかで、成果も出しているのに、「自分はまだ勉強が足りません」「ぜんぜんできていません」などという人の中には、誰が見ても仕事ができる人がいます。

これは**謙虚ではなく貪欲**。

謙虚さには、相手の発言や意見などを受け入れる素直さがあるもの。

相手が「○○さんは、行動力がありますね」と言葉にしたら、それを否定するのは謙虚とは少し違います。

自分への評価を客観的に分析、決しておごることがない人が謙虚なのです。

ほめられたのならば、素直に受け入れて感謝をするのが大人の対応。

「どうしてほめてくれたのか?」わからないときは、恥ずかしがらずに聞いてみるのもいいでしょう。

自分を過小評価する人もいれば、過大評価をする人もいます。

他人から見えている自分が、仕事をするあなた。オフィシャルなあなたの姿なのです。

受け狙いで盛り上がるのは、それだけの人

「マネーの虎」に出演したことは、私の人生に大きな影響を与えました。

番組にやってくる出資や投資を募る挑戦者は、皆、ビジネススキルに優れ、人柄も良く、関わることで私の人生にマイナスになるような人は誰もいなかった。

その意味では、投資をするのは誰でもよかったのです。

仮に、投資したお金が回収できなくても、学ばせてもらったと納得できる人ばかりでした。

だからといって見境なく投資をするために、私は番組に参加したわけではありません。

人はどういう言動に共感したり感銘を受けるのか？

どんな人とならば、仕事をしたいと思うのか？

人間関係の「リトマス試験紙」を番組に求めていたのが本音です。


カメラが何台も回るスタジオで苦虫をかみ潰したような顔をして、挑戦者のプレゼンに耳を傾ける虎と呼ばれる社長。

ときに厳しい質問をして挑戦者を追い込んでいく虎。

語気を荒らげて退席する虎がいたり、虎同士が言い合いになってこのままでは大げんかになるかもしれないという場面もありました。

公開されていない、いくつものドラマがあったのです。


振り返れば虎も、挑戦者にジャッジされていた気がします。

たとえば、厳しい質問を向けてくると思われる虎に、こんなようなことを言う挑戦者もいました。

「○○社長とお会いしたくて参加しました」

「○○社長ならば、理解してくれると思っています」

「この分野の成功者である○○社長の下で勉強したいのです」

「○○社長のファンです」


でもこうした受け狙いともいえる発言で、心が揺らぐ虎はいません。

苦笑いしてスルー。たしなめられて、挑戦者が冷や汗をかくのが常でした。

お世辞やお愛想、受け狙いで盛り上がるのは、お金が関わらないときだけです。

少額でもお金が動くビジネスの場で、受け狙いに乗るのは、それだけの人。

一時の成功はあっても、長続きしない人です。

実際、「マネーの虎」が終了して13年余り経ちますが、紆余曲折はあっても虎は皆しぶとく生き残っています。

それも番組で挑戦者から得た学びによるところが少なくないのではないでしょうか？

地道こそ最高の成功法則である

好きなことを仕事にしたい。

できればそれでふところが豊かになり、人望を集めたい。人気者になりたい。

人の欲望は尽きることがありません。

その欲の一つが「事業の拡大」を意味する言葉です。

実際、マネーの虎に出演していた折に、挑戦者からよく耳にしたのは、

「いずれ多店舗化したい」

「海外出店を視野に入れています」

「フランチャイズや、のれん分けも考えています」

という趣旨の発言でした。

虎から質問をしていないのに、自ら語りだす人が多かったと記憶しています。

それが悪いとは思いませんし、夢を抱くのは素晴らしい。

けれど頭が固い私は、夢を語るよりも現実を見なさいと言いたかった。

こうした類の発言が出ると、それまで投資に心が傾いていても一気に冷めたものでした。

思ってもいないことを人は口にしない。

それが、聞かれてもいないことならば、その言葉は間違いなく本意でしょう。

「マネーの虎」で関わってきた挑戦者で、その後うまくビジネスが回っている人は、私が知る限り、事業拡大を声高に訴えていなかった人です。

地道に歩んでいた結果、事業規模が大きくなった。

地道こそ最高の成功法則。

それは虎自身、私にもいえることです。

第４章　本物はココが違う！

笑顔が命取りになることもある～笑顔の質～

コミュニケーションの始まりは「笑顔」というのは、一般的なマナーです。微笑みかけられたから好かれているとか、微笑んでくれないから嫌われているというわけではありません。

世の中には、あえて「笑顔」を封印している人もいるのです。

たとえば、「エグゼクティブ」と言われるような方は、そう簡単に笑顔を見せません。どっしりと構え、口を真一文字に結んでいる場合すらあります。

笑顔は相手に「あなたを受け入れています」「心を開いています」というサイン。だからいつも笑顔の人は好かれますし、相手は自分を受け入れてもらえたという安心感を覚え、スムーズなコミュニケーションが図れます。

しかし「エグゼクティブ」は、「好かれるだけではいけない存在」なのです。

仕事の成果を出すためには、無理難題を相手に要求したり、会社を守るためには突き放し拒絶する場合もあります。

強さや怖さを相手に植え付けることも必要なのですから、いつもニコニコの「笑顔のバーゲンセール」はできないのです。

音楽番組やバラエティー、ドラマなどを観察するとよくわかります。

ニコニコ笑っているばかりのアイドルには、「親しみ」を感じても「強さ」は感じませんが、愛想が悪く目つきの鋭い俳優さんには「強さ」を感じるでしょう。

「仏頂面だけど、時折見せる笑顔が素敵」というように、強面と微笑みのギャップが魅力の俳優も、いらっしゃいます。

さらに言えば、弁護士や警察官、医者、銀行員、税理士などがいつもニコニコしていたら、仕事になりません。

法秩序や命、お金に関わる職業では、不用意な笑顔は信頼を損ね、無能さを感じさせることにもなりかねない。

「笑顔が命取り」になることも、あるのです。

業種を問わず経営者や管理職の多くは、仕事中に笑顔は見せないものです。

自分の笑顔によって社員に油断が生まれ、仕事に支障が生じたら取り返しがつかないからです。

知人のドクターに、プライベートでは「おやじギャグ」を飛ばし、若い女性に目がない「ノリのいい男性」がおりますが、白衣に着替えると自然と口が真一文字になり「笑わない男」になります。

いつも笑顔で接してくれるから、あなたに関心を示していると単純に考えるのは、危険です。それがビジネスシーンだとしたら、相手の仕事への姿勢を疑う余地があります。

また笑顔を向けてくれないから嫌われていると、受け取る必要もありません。

地位や名声がある、実績をあげている「エグゼクティブ」が簡単に笑顔を見せないのは、仕事へのプロ意識からです。

いつもは厳しい表情をしている人が、一瞬だけ「ニッコリ」微笑む。普段笑わない人が、私にだけ微笑んだ。滅多に笑顔を見せない人が微笑むということは、私に心を許したということ。

すると、部下や後輩、難敵の相手はもとより、異性の心はわしづかみにされます。

一般的なビジネスパーソンの笑顔が差し障りのない「コミュニケーションツール」だとすれば、エグゼクティブの笑顔は根強いファンを作る「マジックツール」。

笑顔の質を見抜いてくださいね。

「じゃんけん」に強い人は勝つべくして勝っている

じゃんけんをする様を見ていると、何事に対してもやる気のある人とない人が、明確にわかります。

やる気のある人は、姿勢を整えたり深呼吸したり、自分なりの勝利のセオリーなのでしょうね。「呪文」や「合言葉」を唱えたりして、「絶対に勝つ！」という意欲が、ひしひしと伝わってきます。

一方、やる気のない人は、じゃんけんに力がありません。

無表情でだらけた姿勢をとり、差し出す手が弱々しく見えます。

そういう人は概して、

「じゃんけんは運任せ。だからやる気になっても仕方ない」

「じゃんけんごときに夢中になるのは、ばかばかしい」

と、思っているのです。

じゃんけんに限らず、一般的に勝敗を決める切り札は、運です。

才能や努力、やる気などが占める割合は、それほど大きくはありません。

勝負に挑む前提条件にそうした要素は必要ですが、最後は「運があるかないか」です。

しかし現実には「じゃんけんに強い人」がいます。

あなたの周りにいらしたら、仲良くしてくださいね。

そして彼らの言動から学んで欲しいのです。

彼らは、相手の心を読む達人です。

なぜそのようなことができるのでしょうか？

彼らは商談やプレゼンテーションなどを通じて、日ごろから相手の心理状態を観察しながら最適のビジネス戦略を選び実行し、実績を上げてきたから、勝ち負けを操ることができるのです。

「勝ち負けを操ることができる」と記したのは、彼らは相手を喜ばせるために、あえて負ける。花を持たせる場合もあるからです。


例年、50名ほどが集まる仲間内の忘年会では、各自が１００円を出し、まずは隣の席の人とじゃんけんをして、勝者に１００円を手渡します。

すると手元のお金は２００円に増える。その調子でじゃんけんを繰り返していきます。

最後まで残ると、５０００円ほどが賞金として「プレゼント」される段取りです。

その集いで恐ろしく強い人がいるのです。

私が知る限り、７回は賞金を手にしています。

何事もやる気では負けないと自負している私ですが、勝てないのです。

やる気が空回りして、相手の心を読むのが欠けてしまうのですね。


そこで、じゃんけんの猛者に、勝利のセオリーを尋ねました。

彼曰く相手が意気込んでいるときには、自然と手に力が入り「グー」を出しやすくなるから「パー」を出せば勝てる。

相手にやる気が感じられないときには、力が抜けて自然と「パー」の状態になるから、「チョキ」を出せば勝てる。

「最初はグー、じゃんけんポンというとグーを出す人が多い」という持論も教えてもらいました。

また「カッコをつけたがる人は、一番目立つポーズの『チョキ』を出す傾向がある」とも言います。ということは「グー」を出せば、勝てるわけです。

もちろん、この限りではありませんが「じゃんけん」は心理戦。

本気で挑めば、ビジネスに長けている人が強いのは、当然のことなのです。

個性的で扱いにくい人ほど親しくなれる

「個性的な人」と聞いて、あなたがイメージするのは、どんな方でしょうか？

私の場合は、「黄色やオレンジなどを好んで身に着ける人」「時計、服、靴など金ピカな人」「大胆な行動をとる人」「よく笑いよく食べよく飲む、豪快な人」……。

改めて考えると、自分にはない感性や魅力をもっている。心の中では、密かに彼らのような振る舞いをしたいと思っている。

それが「個性的な人」の解釈です。

育った環境や仕事、趣味が似ているから仲良くなれるという人も多いですが、私は逆の意見です。

似た者同士は仲良いように見えて「ライバル」になる。

相手が成果を上げれば喜んで祝福しますが、心中は穏やかではありません。

「なんで私より早く……」なんて、キリキリしているものです。

一方「個性的な人」は、あなたにとってどう扱ってよいかわからない難敵のように思えますが、あなたにはない、魅力や能力をもっている人。

ある意味「憧れの存在」でもあるのですから、

「なぜそうした行動をとるのか？」

「なぜそう考えるのか？」

興味深く、観察することができます。

ライバル心が生まれる土壌がほとんどありませんから、好奇心をもって彼らから学ぶことができるといえます。

個性的で扱いにくい人からは、素直に学べるが、似た者同士では摩擦が起きやすい。

あなたが相手を「個性的で扱いにくい」と思っているとしたら、相手も同じです。

自分にはない感性や魅力に関心を抱いていると、いえるでしょう。

ですから「個性的で扱いにくい人」だから付き合いを避けるのではなく、積極的に近づくことをお勧めします。

私自身、心を許せる友は、出会った当初は「上品ぶっていて嫌い」「家柄の良さを鼻にかけている」と思い、「お嬢さんの扱いは難しい」なんて平気で口にしていた女性です。

裏を返せば、そういう彼女に憧れていたのですが、認めたくなくて「個性的な人は扱いにくい」と片付けていたのです。

しかし先祖代々伝わる家を守るのは、大変なこと。

税金や人付き合い、家訓重視の生き方を背負っている……苦労を重ねていることを知り、彼女を毛嫌いしていた自分を恥じました。

そして話をしてみると、お茶目で親しみやすい。世話好きなところもわかり、12年来の友になりました。

60歳を超えても、深窓のお嬢様の風情を漂わせている彼女と、下町育ちの私では、ギャップがありますが、個性的だと思う人には底知れない魅力がある。

これからもその魅力を互いに探りながら、親交を深めていくでしょう。

あなたも探してみてください「個性的な人」を。

人の数だけ個性があるのですから、できる限り探求して、人生を彩り豊かなものにしてくださいね。

スーツ姿から男性の能力を見抜く

仕事ができて人望も厚い、ポストが高く稼ぎも多い。

そんな男性は、ジャストサイズのスーツをきちんと着ているものです。

一方、ビジネスパーソンのほとんどは、ゆるめのスーツを着ています。

彼らは着心地を最優先し、最適なサイズや素材、色や柄などを選べていないのです。

厳しい言い方をすれば着こなしができていない人は、どんな仕事でも頭角を現すことができません。


一流と目される男性は、服装や見せ方の大切さを知っていて、お金をかけ着こなしにも気を配っています。

それは**外見と内面がリンクしていることを、知っているから**です。

外見に何らかのコンプレックスをもっていると、内面にも影響を及ぼします。

自信が欠如すると、うまく話せなかったり、積極的に行動したりということができないのです。せっかくお金をかけるならば、自分に似合い、お洒落に見えるものを選んだほうが賢明なのは間違いありません。

スタイル良く見えれば、自信に満ちあふれ内面が磨き上がる「シナジー効果」も期待できます。大人になってモテる男性は、容姿にコンプレックスがあって、顔やスタイルに問題があるぶん、知恵でカバーしているということがあります。

服装や見せ方に気を配ることは、容姿以上に大切だということを知っていて、自分を賢く凛々しく演出する方法を研究しているのです。


友人のH社長は、１６０センチと小柄です。

私は気にする必要はないと思っていますが、本人にはコンプレックス。

「社員や取引先の人と並ぶと、見下ろされる感じで肩身が狭いんだよ」と、以前よくこぼしていました。

半年ほどお会いしていなかったのですが先日……びっくり。

スタイルが良くなっていて、体中から自信があふれているのです。

何が彼を変えたのか？

実は、彼はそれとは見えないオーダーした「インソールシューズ」を履き、身長を7センチアップ。それに合わせたスーツも新調。

背筋を伸ばし颯爽と歩くことも密かに練習していたのです。

「7センチが世界を変えた」

それだけで視野が広がり、自信をもって商談や打ち合わせに臨めると教えてくれました。

女性は、男性のファッションからその人のセンスや経済力、社交性を計っています。

しかし多くの男性が、誤解をしています。

「男は、中身で勝負だ」と。

ですから肩が合っていないスーツや袖丈が長いジャケット、しわくちゃのシャツを着ている人もいるのです。

そんな男性も、女性の視線を感じたときや、やる気を見せたいときには、腕をまくって筋肉をアピールし、「できる感」を演出しようとします。

そんな所作に女性は騙されません。

一流と目される男性は、人に見られることを意識して、きちんとそれにお金をかけます。見た目でも自分を評価させるという、姿勢を貫くのです。

スタイルが悪くても、スタイリッシュに見せることはできます。

スタイリッシュに見えれば、仕事もプライベートも自信をもって挑めます。

ビジネスの場で、数多の仕事ができる本物のいい男を見てきた私の結論です。

あなたを育てる、お世辞を言わない師匠

「お金を払っているのになぜそこまで、ひどいことを言われなくてはいけないのですか？」

吐き捨てるように、音楽教室の先生に詰め寄る女性がいました。

同席していた私は唖然。

さらに、

「○○さんを、えこひいきしている」

「先生好みの美人だからでしょうね」

と、言いたい放題です。

お金を払うのは教えの対価として、当然です。

だからといって、指導方針に異議を唱えるなんて、愚の骨頂。

先生の教え方に疑問を感じているのならば、辞めればいいだけのことです。

「私、レッスン辞めます」

呆れながら話を聞いていた先生に、彼女はそう言いだす始末。

「辞めたければ黙って辞めればいいのに……」

私は心の中でつぶやいていました。

先生は苦笑しながら黙っていたのですが、

「なぜ、とめてくれないのですか？　私は劣等生だから要らないのですね」

どんな分野でも師匠が弟子、先生が生徒、先輩が後輩を厳しく指導するのは、「技術や能力が高まってほしい」「成長してほしい」と願うからです。

憎くて嫌だから、厳しいアドバイスや意見を言うのではありません。

むしろ「ほめちぎる師匠」についているあなたは、指導者を変えることを考えてもいいのではありませんか？


キツイことを言って辞められたら収入が減ると、お世辞やお愛想を言う師匠。

「教え方が悪いから理解できない」と生徒が親にこぼしたら、進退を問われると怖がって友だちのように接する先生。

厳しい指導をして会社を辞められたら自分の指導能力が問われると、弱点を指摘しない先輩。

そういう土壌からは、素晴らしい人材は生まれません。

あなたがそうした状況に疑問を感じず、漫然としているとしたら、大問題。

弱点から目を背け、ほめられて調子に乗る人間になっている可能性が大きいです。

あなたを育てるのは、お世辞を言わない、愛想が悪い師匠、先生、先輩。

欠点や弱点を的確に指摘してくれる師匠と出会うのが、成長への近道です。

そんな師匠から、「進歩したね」「うまくなった」と言われるようになったら、あなたの技術や能力が、プロになってきたといえます。

手を洗っても拭かない人

女性トイレだけの出来事とは、思いません。

男性トイレでも同様のことが起こっていると思いたいのが、用を済ませた後、手を洗い、ハンカチや備え付けのペーパータオルできちんと手を拭《ふ》かずに、立ち去る人たちです。

ファッションや小物などで、お洒落を決めた人、メイクもヘアスタイルもぬかりない人、美人でスタイル抜群の人、賢そうに見える人……意外かもしれませんが、そうした魅力的な方ほど、トイレを使用した後、パッと手を洗うやいなや水気を拭きもせずに、足早に立ち去る。

あるいは、メイク直しは入念にするのに手洗いはいい加減ということです。

たまたま、私が目にしてきただけで、そんなことはないと信じたかったのですが、年代や働く場が違う女性の友だちにも、たずねてみたら、彼女たちも気づいていました。

「片手だけ水をつけて、手を振って終わりなんて人もいる」

「ひどい人になると、手を洗わずメイク直しをして出てゆく人もいる」

とも言っていました。

トイレ使用時に限らず食事の支度をする際にも、手をきちんと洗わない。洗うものの、手の拭き方がいい加減になっている人は、仕事や家事、人付き合いにおいても、詰めが甘いところがあるのではないでしょうか？

アポイントの予定に14時と書いてあるのに、午後4時と勘違いしていた。

1000円だと認識、購入を決めたら10000円だった。

離婚をした直後の男性に「奥さん、お元気ですか？」。

責任を取って辞職をした人に「ご活躍ですね」なんて、悪気はないまま言ってしまったりするのです。

生活態度は仕事にも通じるのです。

逆を言えば、仕事ができる人は手洗いひとつを取り上げても、いい加減にはしません。

相手の人間性を知るために、トイレでじっと観察するわけにはいきませんが、そのような機会があれば、見て下さい。

信頼している、尊敬している、目標にしている相手が、手をきちんと洗い、丁寧に拭いているかどうかを。

忙しいから、時間がないから、手洗いは適当でいいなんてことはあり得ません。

衛生観念の欠如は、万事において詰めの甘さにつながります。

誰を見習うかで将来の姿が決まる！

新入社員や経験の浅い若手の社員などは、仕事はもちろんのこと、人生経験も未熟な部分もありますから、どの上司、どの先輩の背中を追いかけていくかで、その後の実績、仕事人生が決まってきます。

創業間もない会社では、会社そのものの歴史が浅いですから、当然上司や先輩であっても、その会社での経験は足りない。

ですから、いい意味で伝統を築き上げてくれるような愛社精神にあふれた、後輩の模範となるような人材を見極めなくてはいけません。

起業時、私が社員の採用に気を配ったのもこの点でした。

面接でいろんな方に会いました。

大企業で責任あるポストに就き成果を誇る人や、商店主として長年経営に携わってきたが経営不振で、店を閉じ会社員になると決めた高齢者。

数多のアルバイトを渡り歩き、定職にはつかなかったフリーターや、なぜか就職する会社が倒産や企業買収の憂き目にあって、職を解かれた人……。

数多の仕事人生を知ることができましたが、採用したのは、問題児のようにも思える「フリーター」と「元商店主」でした。

フリーターだった人が、正社員の道を望むのは深い理由があるはず。

実際、奥様が出産で働けなくなってそれまで頼りにしていた収入がなくなり、男として家族を養う責任感が芽生えた。しかしフリーターを続けてきた彼を正社員に採用する会社はなかった。藁をもつかむ思いで、私の会社にやってきたのでした。

元商店主は、経営者としての経験は豊富でしたが、結果は出せなかった。

経営不振になった理由はいろいろあるだろうが、経営者としての資質に欠けていたのは間違いない。しかし彼の経験は参謀役としてならば役に立つ。

そんな思いから、２人を採用したのです。

自分に責任はありませんが就職する会社がことごとくダメになる人の採用を見送ったのは、縁起の悪い人を好んで雇う勇気が私にはなかったですし、面接中「私が勤めると経営不振になるのでしょうか？」という彼女の発言を見過ごすことができなかったからです。

大企業に勤めていた人は、「過去の実績を誇示し自分の能力を過信するようなところ」が再三発言に見られたので、迷うことなく不採用。
こういう人は「大企業ならばこうする」「かつてはこうだった」と、大企業の論理を持ち出す可能性があって、私の会社では使えないと思ったからです。

実際採用した2人は、起業間もない会社の中枢としてよく働いてくれました。
彼らには、「自分さえ良ければいい」という考えがなかった。
私ではなく「私たちで会社を繁栄させていこう」という意識が強かった。
ですから後に採用した社員たちにも、いい影響を与えてくれました。
個人主義ではなく会社優先主義。
2人には、そうした意識を感じました。
さらに、
「今のままではダメだ」
「もっと良くなるはずだ」
というような自分に厳しいところがありました。
そんな彼らの姿を見て、後輩も実直に育ったのです。

「○○さんを、見習いなさい」

そう言える社員がいる経営者は幸せです。

仕事もしやすいですし、組織もうまく機能していきます。

誰を見習い、誰と付き合うかで、その人の将来は見えてくる。

間違っても「口ばかりで動こうとしない」ベテラン社員や、「前の会社ではこうだった」と語る評論家的社員をはびこらせてはいけないのです。

靴の脱ぎ方で人を見抜く

お座敷での飲み会や会食、旅館の玄関……私は社員だけでなく取引先やお得意様、まったく関係ない人であっても、靴の脱ぎ方をそれとなく見ています。

それは観察というよりも、私の習性。

日常のふとした所作や言動にその人の性格や生き方が表れると、思っているからです。

オーナー経営者は、お山の大将的な性格で、基本「私が」を主張する人が多い。

靴を脱いでお座敷に上がる際に、きちんと揃えつま先を向こう側に向ける人は、ほとんどいないといっていいでしょう。

先にお座敷に上がった人の靴が散らばっていても、直そうなどとは思わないものです。

しかしオーナー経営者であっても、辛酸をなめてきたような人は、脱いだ靴をきちんと揃えるし、散らばっている靴があれば整えなくては気が済まない。

細やかなことに気づく敏感な人が多いのです。

それは倒産の危機や資金繰りの悪化、社員の造反や風評被害など、会社を取り巻く数多のアクシデントと戦ってきたからと言えます。

大企業ならばいざ知らず中小企業では、自社がどんなに奮闘しても、大企業の知名度や宣伝力、商品開発力などの前に、地団駄を踏む結果になることがある。

販売先を絞り込んでいた場合では、その会社の業績不振でたちまち自社も窮地に陥ることだってあります。

ですから安定、安泰、安全という心境で仕事をすることができないのが、中小企業経営者の実像です。

だからどうしても、観察、分析、洞察するのが習慣になるのです。

性格や性質は生まれながらにもっているものだという人は多いですが、ある性格や性質を持ち合わせた人がそれにふさわしい仕事に就くのではなく、その仕事なり地位をつとめる過程で、性格や性質が形成されていくのではないでしょうか。

環境が人を作っていく。

経営者というポジション一つを見ても、そうなった過程での環境が、今の姿に反映されているのです。

灰になるまで男と女

夫が逝ってから13年、彼が遺した借金の返済や親族間のいざこざ、信頼していた人からの裏切り、父の突然死、要介護5になった母との関係など、次々に起こる難題を前にして、正直、趣味に興じたり友人とおしゃべりすることもなかった年月でした。

仕事が生きがい、愛犬の亜美と過ごす時間が唯一、私を癒してくれる。

そんな現状ですから、恋愛や再婚など視野になかったですし、恋する時間があるのならば仕事をしたい。常に仕事が途切れない状況を作ってきました。

心身共にタフなこともあって、ひたすら「最高の仕事がしたい」と。

私は走ってきました。


「臼井さん寂しくないの？　一人で」

「老いていくのよ、臼井さんだって……」

「若いつもりでも、体が言うことを聞かなくなる」

そういって、恋愛や再婚を勧める人がいます。

60歳を迎えた私にそんなことを言ってくれるなんて、光栄だと考えたほうがいいのでしょうか？

親切心からの言葉だとはわかっていますが、女が一人でいることは孤独だと決めつけているようで、私は納得がいかないのです。


しかし見渡せば、60代の男性と90歳近い女性が恋愛関係にある。

頬寄せ肩を抱きながら、歩いている姿があるのです。

親子ほど違う年下の彼が訪ねてくると、嬉々とする70歳の女性もいる。

騙されているのを知りながら、「いい男でしょう」と、飲食店を持たせた彼を紹介する高齢女性。

「男は皆、私を好きになる」なんて正気とは思えない発言をする71歳。

「僕はまだいけるよ、試してみない？」真面目に誘う80歳。

「灰になるまで男と女」とはいうけれど……？


人様の生き方をとやかく言うつもりはありませんが、**「灰になるまで男と女でいたい」のならば、フラれたり死別したり形は違っても、別れ際でおたおたしないで欲しいと願うばかりで**

す。

チャーミングなおばあちゃまから「これからはお友だちとしてお付き合いしましょう」と、告げられたことに激怒して、刃傷沙汰を起こした高齢男性や、交際しているという妄想にとりつかれた82歳の女性が、「他の女性に乗り換えた、殺してやる」と、近隣の男性に暴言を浴びせる。

「ぼけているからそんな言動をとるのだ」では片づけられない現場を、何度か目にしてきました。

こうなるのは、一人になるのが怖い、一人は孤独だという思い込みが、増長したからではないでしょうか？

一人でも嬉々としている人がいる。

一人の時間を満喫している人は多い。

少なくともそういう人は、不安や心配事のはけ口を、異性に求めたりはしません。

高齢で恋愛、結婚しても、経済的にも精神的にも互いに自立しているものです。

綺麗ごとに聞こえるかもしれませんが、恋愛も結婚も自分のエゴでするものではないでしょう。

相手を幸せにしたいから恋愛し、結婚へとつながる。

私は頭が固いのかもしれませんが、灰になるまで男と女を見事なまでに実践する人は、そうしたピュアな人間であると信じたいのです。

「割引商品」が好きな人は計算ができない

閉店前のスーパーマーケットの食品フロアに行くと、商品に半額、30％引きというように割引を示すシールが貼られています。

賞味期限が迫っている食品や、旧型の電気製品などにも、そうした割引シールが貼られているのを、目にしたことがあるでしょう。

それを前にしたら、あなたはどう思いますか？

どんな行動をとるでしょうか？

迷うことなくショッピングかごや、カートに割引商品をバンバン入れる人の中に、仕事や家計、人生の展望を計算できる人を探すことは難しいでしょう。

必要としているものがたまたま、お得になっていたならば、私も迷わずショッピングかごに入れます。

食料品の場合でしたら、一両日中に使う予定がたつならば購入するかもしれませんが、「安い！　お得！」というだけでは、購入しません。

食品ならば、食べきれず使いきれず持て余し、廃棄。

電気製品にしても、お蔵入りの可能性が大きいからです。

それこそ**「安物買いの銭失い」**。

割引に釣られてお金を使う人は、その場では「〇〇円も得、私ってツイている」とか「賢い消費者だ」なんて悦にいっているけれど、後悔する可能性が大です。

私もかつては、「割引商品の魔力」にひかれ、欲しくもないのにバンバンかごに入れていました。

まずは割引商品をゲットしてから、欲しいものを購入するという買い物スタイルでした。

それが節約につながりお金が貯まる、賢い選択だと信じていたのですが、お金は貯まりませんし、買い物をする楽しみも、まったく得られなかったのです。

それは当然です、必要のないものを買い物の要にしていたのですから。

親しい方のお宅へ伺うと、時に割引シールが貼られたソースやドレッシング、お菓子などを目にすることがあります。

女性が集まると、

「○○を半額で買ったの」

「タイムセールで○○円だったのよ」

と、戦利品の自慢話をすることがありますが、彼女たちが、心豊かで懐も豊かな人生を歩んでいるとは思えないのです。

「住宅ローンの返済が大変」

「教育費が増えていくばかりなの」

「預貯金ができないの……」

家計のやりくりに追われている発言が飛び出します。


男性の場合、スーパーの食品売り場に足を向けることは少ないと思いますが、旧タイプの電気製品や趣味のものなどが大幅に値引きされていたら、心が動くでしょう。

それは当然の心理ですが、人生の設計図ができている人は、「安いから」を理由に、買い物はしませんし、「欲しいから」でも財布を広げない。

必要だから、購入するのです。

人生の目的や目標が定まっている「計算できる人」は、割引シールに惑わされません。

人を見抜く目がある人の特徴

誰しも、優しい言葉やほめ言葉など、心が揺さぶられるようなことを耳にすると、お世辞やお愛想だと一瞬は思っても、それを信じたいという気持ちになる。

冷静になれば、嘘だとわかる「荒唐無稽の儲け話」や、歯が浮くような「甘い囁き」も、何度も耳にすれば、人は信じてしまうのです。

詐欺に遭う人は、まさにこのパターンだと言えるでしょう。

人の本質は、言葉だけではなく実際の行動を見ることでわかります。

実際、人を見抜く目がある人は、相手の言葉に行動が伴っているかを、よく見ています。

それは「見る」のではなく「観る」。観察といえるほど微細にわたるものです。

美辞麗句、お世辞やお愛想、騙しなど、言葉では嘘をつけても、実際に行動を起こすことはそう簡単ではないからです。

人を見抜く目のある人は、相手が口先だけの人か、本当に誠実な人かを、行動を観て判断しています。

行動は嘘をつかない。

行動を観るのは、人の性格を判断する重要ポイントなのです。

また、自分に対する態度だけでなく、その人は周囲の人に、どう接しているのか？

どんな人と付き合っているのか？

人を見抜く目のある人は、こうしたポイントを注意深く観察しているという特徴をもっています。

あなたが上司で相手が部下ならば、相手は丁寧な物言いや誠実な態度をとるでしょう。あなたに偉そうに踏ん反り返った態度をとったり、ためぐちをする人などいません。

しかしその人は自分より立場が弱い人に対して、どんな態度をとっているでしょうか？

そこが肝心なのです。

地位や学歴、収入など自分より明らかに劣る人に対しての態度に、その人の本質が表れるからです。

あなたにとっては優しくて思いやりにあふれた人が、他の人には真逆の顔を見せているかもしれません。

あなたを利用する価値があると踏んで、猫をかぶっているのかもしれないのですから、他の

人への態度もよく観ながら判断しないと、

「騙された」

「こんなはずではなかった」

ということにもなりかねません。

一番立場の弱い人にも敬意を払って接するのが、できた人です。

言葉だけならば誰でも、即座に「いい人」になれます。

言葉＋行動＝真のいい人です。

簡単に「あの人はいい人、この人は悪い人」と決めてしまうのは、人を見抜く目がない人の典型です。

失敗談を話すのはあなたとの距離を縮めたいと思う人

失敗やミスの数々を、人に知られるのを好む人は本来、いません。

しかし、打ち解けない部下や親しくなりたい人との距離を縮めようとするとき、あえて人は失敗談を話すのです。ミスやトラブルなどを話すことは、自分の弱点や欠点をさらけ出す、あやまちをする不完全な人間だと宣言するも同じ。

避けたいところですが、こうしたマイナスポイントを聞くと相手は、安心する。人間味を感じ、親近感が自然に湧くようになるのです。

ただし、その失敗談の選択には注意が必要です。

相手が興味をもつとは思えない分野での失敗談や、おおげさな出来事、普通の神経の持ち主では失敗しないことを持ち出すのは、「無能」「無神経」と思われるだけです。

失敗談の内容は、相手が部下ならば、自分が部下と同じ年齢のころにしでかした「勘違い」や「うっかりミス」がいいでしょう。

失敗を盛り過ぎて、会社の存亡にかかわるようなことを語ったら、距離を縮めるどころか、遠ざかる一方です。

真面目な人は、「こんな無能な人の下で働くのか？」「こんな人を放置した会社は、大丈夫なのか？」と、あなたや会社の無神経さにあきれるでしょう。

あなたの得意分野で自分が失敗したエピソードを話すのは、人間心理を理解している人。

そんな上司や同僚ならば、積極的に付き合うべきです。

ちなみに私が持ち出すのは、手書きの注文伝票の１０００と７０００を見間違えて、納品ミスをおかしそうになったこと。もちろん事実です。

「急に大量の注文が来るのはおかしい」と、疑問を覚え確認したので大事には至らなかったのですが、手書きにはクセがある人もいるから注意したほうがいい。

うっかりミスに注意喚起をプラスした話をすることが、多いです。

打ち解けたい相手と共通の趣味があるのならば、「蕎麦を切っているけれど、いつもこれってうどん？　と言われる」（蕎麦打ちが趣味）

「新商品の発売に合わせ、前夜から並んだがゲットできず、風邪をひいた」（ゲームが趣味）

というように、笑いやスキを演出するのもいいでしょう。

人を見抜く目のあるあなたならば、そんな努力をする人を好ましいと受け入れて欲しいものです。

生き方とは選び方

生きることは行動することです。

行動力があろうとなかろうと、私たちは日々、自分で選択をした道を行動しています。

どんな仕事に就くのか？　結婚相手に相応しいのは誰か？　というような大きな選択から、誰と話をすると楽しい時間が過ごせるのか？　どんな言葉を選べば、円満な人間関係を築けるのかなど、さまざまです。

仕事や趣味、勉強、プライベートに至るまで、何も選択をせずに過ごす日などありません。

選択には強い意志から生まれる場合もあれば、無意識に行う場合もありますが、強い意志から生まれた選択ならば、たとえ失敗に終わったとしても、後悔することはありません。

私は今、著述家や講演家として仕事をいただいていますが、それは「著作家になりたい」「講演者になりたい」という強い意志が働いた選択に従い、その道を究めるために必要な情報や人間関係、スキルなどを選び蓄積してきたからです。

皆さんに知っていただける作品が誕生するまで、５年余り費やしましたが、自分で決めたことですから、あとからデビューした人が注目を集めても、友人がベストセラーを連発しても、焦ったり慌てたりすることなく、ぶれずに自分の道を貫くことができました。

「有名になりたい」とか「お金持ちになりたい」というような浮ついた意志から始まった著作家や講演家の道だったら、これまで続けられなかったのは、間違いありません。

自分の意志には素直に従い、実直に行動し続ければ必ず花は咲きます。

人により咲き方はさまざまですが、あなたに相応しい花が絶妙なタイミングで咲くのです。

著者略歴

1958年、東京に生まれる。経営者、ビジネス作家、講演家、エッセイスト。

33歳で結婚後、病身の夫に代わり経営者となる。独自の発想法と行動力でヒット商品を次々に開発し、通販業界で成功。3億円の負債を抱えていた会社を優良企業へと導く。その手法がさまざまなメディアで紹介され、テレビ番組「マネーの虎」（日本テレビ系）にも出演。理学博士号、MBA、行政書士、宅地建物取引士などを次々と短期取得したことでも知られ、知識の広さにも定評がある。熱海市観光宣伝大使。

著書には『たった3行！心を添える一筆せん。』（現代書林）、『今日からできる最高の話し方』（PHP文庫）、『ケタ違いに稼ぐ人はなぜ、「すぐやらない」のか？』（青春出版社）などがある。

公式ホームページ
http://www.usuiyuki.com

人《ひと》を「その一瞬《いっしゅん》」で見抜《みぬ》く方法《ほうほう》

――マネーの虎《とら》が明《あ》かす「一見《いっけん》いい人《ひと》」にダマされない技術《ぎじゅつ》

二〇一八年五月一二日　第一刷発行

著者　臼井《うすい》由妃《ゆき》
発行者　古屋信吾
発行所　株式会社さくら舎　http://www.sakurasha.com
東京都千代田区富士見一-二-一一　〒一〇二-〇〇七一
電話　営業　〇三-五二一一-六五三三　FAX　〇三-五二一一-六四八一
編集　〇三-五二一一-六四八〇
振替　〇〇一九〇-八-四〇二〇六〇

装丁　アルビレオ
印刷・製本　中央精版印刷株式会社

ISBN978-4-86581-149-0

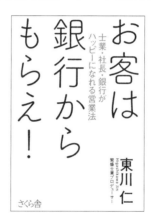